中国脱贫攻坚
县域故事丛书
County-level Story Series on
Poverty Alleviation in China

中国脱贫攻坚
望奎故事

全国扶贫宣传教育中心 组织编写

人民出版社

序 言

在东经 126 度经线和北纬 46 度纬线交汇点，黑龙江省中部松嫩平原与小兴安岭西南边缘的过渡地带，寒地黑土的核心区，放荒之初，一座小城在这里建立。从 1918 年绥兰道望奎县，到如今崭新面貌的望奎县城，走过了风雨百年的望奎经历了百年成长、百年沧桑、百年巨变；而与贫困斗争了百年的望奎人则经历了百年奋斗、百年拼搏、百年希望。

翻开望奎百年的历史，你会发现这是一片英杰辈出的土地，在那些风雨如晦的岁月里闪耀着一帧帧红色记忆和一个个光辉的名字：张锡武烈士、高吉贤烈士、冯志刚烈士、冯耕夫烈士、胡再白烈士、王炳衡烈士……老一辈无产阶级革命家、党和国家早期领导人之一林枫同志也是在这里出生、长大、读书，从这里开始了以身许党、一生为国的革命生涯，为党和人民的事业立下了不朽功勋。

就是这样一个有着光荣革命传统，诞生了无数革命先烈的地方，多年来却一直被贴着"农业大县、工业小县、财政穷县、民生弱县"的标签，始终摘不掉"穷"这顶帽子。曾几何时，外面的农业很精彩，望奎的农业却很无奈。曾几何时，望奎的工业只是"米面油加砖头"，县城里冒烟的企业用手指头都数得过来。如何带领望奎百姓走上致富的康庄大道，让望奎真正脱贫摘帽，成为历届县委、县政府苦苦追寻

古色古香的双龙城门

的梦想和不断奋斗的目标。

漫漫脱贫路，成功在于探索。

望奎最大的优势是农业，最大的产业是食品加工业，于是，"转型升级、绿色崛起"成为望奎振兴发展的路径选择。一体化布局、产业化引领、园区化承载、精准化脱贫、现代化支撑成为望奎振兴发展的战略定位，绿色食品加工产业园成为望奎振兴发展的基础平台，"1+4"的产业体系成为望奎振兴发展的强劲动能。沉睡的土地突然苏醒了，陈旧的思想焕然一新了，沉重的步伐变得轻快了，50万干部群众众志成城、和衷共济，开始了收锚启航、破冰出航、扬帆远航的振兴崛起之路。

漫漫脱贫路，艰巨在于改变。

望奎农业发生嬗变是从一个叫"黄麻子"的品牌开始的。这个有些土气的品牌，如今已经红遍大江南北，很多人都是先听说"黄麻子"，后知道"望奎"。随着"龙蛙"在新三板上市并且成为中国驰名商标，"刀搂子香瓜"逐渐名声在外，望奎的农业就像被施了魔法一样，土地里种出了金元宝，田野里长出了聚宝盆，开启了望奎农业的品牌时代。望奎工业的嬗变是从一个叫"北大荒"的企业开始的。这个企业落户望奎，强了工业，增了税源，富了农民，望奎从此步入了真正意义的"工业1.0时代"。

漫漫脱贫路，伟大在于坚持。

在望奎，老百姓的事比天还大。县城里最好最新的建筑是学校、医院、敬老院、幼儿园，最破最旧的建筑是县委、县政府办公场所。教育的"五免五补一贷"模式、卫生的医联体模式、安居工程的幸福家园模式、社会救助的多帮一模式……种种民生福利让群众的脸上乐开了花。时逢建县百年，脱贫攻坚最后一战的冲锋号已经吹响，望奎

双汇北大荒食品有限公司远景

鸟瞰望奎县城新景象

整洁有序的望奎小城

从此摘下贫困的帽子，小康路上一个也不能少。

一分耕耘一分收获，几多风雨几多彩虹。今天，望奎工业开发区已晋升为省级开发区，望奎小城以整洁有序而远近闻名，望奎经济发展实力在稳步提升，望奎群众的幸福指数在不断增加……这一张张成绩单，书写了望奎振兴发展最美的华章。

扫描二维码可全面了解
望奎县经济社会发展
情况

目　录
CONTENTS

第1章 ｜ 基本情况 ·········· 001

一、县情概况 ·········· 003

二、致贫原因 ·········· 008

三、扶贫历程 ·········· 013

第2章 ｜ 主要做法 ·········· 021

一、强化组织领导，人心齐了！ ·········· 023

二、加强政策保障，生活好了！ ·········· 027

三、推动产业扶贫，腰包鼓了！ ·········· 039

四、突出党建带动，基础牢了！ ·········· 044

五、改善人居环境，乡村美了！ ·········· 051

六、激发内生动力，思想变了！ ·········· 061

第3章 ｜ 巩固提升 ·········· 063

一、实施产业扶贫巩固再提升工程 ·········· 065

二、实施安居扶贫巩固再提升工程 ·········· 069

三、实施教育扶贫巩固再提升工程 ·········· 072

四、实施健康扶贫巩固再提升工程 ·········· 080

五、实施保障扶贫巩固再提升工程 ·········· 083

六、实施内生动力巩固再提升工程 ……………… 085

七、实施人居环境巩固再提升工程 ……………… 090

八、实施干部帮扶巩固再提升工程 ……………… 096

九、实施集体经济巩固再提升工程 ……………… 103

十、实施基层党建巩固再提升工程 ……………… 107

第 4 章 ｜ 经验启示 ……………………………… 113

一、突出思想引领 ………………………………… 115

二、强化政治担当 ………………………………… 117

三、厚植为民情怀 ………………………………… 119

四、发扬务实作风 ………………………………… 121

五、凝聚攻坚合力 ………………………………… 123

未来展望 ………………………………………… 128

后 记 …………………………………………… 131

第1章

基本情况

一、县情概况

望奎县位于黑龙江省中部，地处绥化市寒地黑土特色农业物产中心地带。全县幅员面积 2314 平方公里，其中耕地 256.2 万亩。辖 10 镇 5 乡 109 个行政村、4 个街道办事处 16 个城镇社区，总人口 50 万，其中农业人口 38.5 万。

望奎县航拍图

高速公路穿境而过

　　区位优势明显。望奎县位于哈尔滨市和大庆市一个半小时经济圈。哈伊、哈黑、绥安、依四公路环绕四周，绥北高速穿境而过，交通便利。

　　农牧资源富集。林茂粮丰，土壤肥沃，盛产玉米、大豆、水稻、马铃薯，粮食总产突破 27 亿斤，是全国生态农业建设先进县、全国粮食生产先进县。畜禽存栏量位居黑龙江省前列，是全国生猪调出大县，中国瘦肉型生猪之乡。

　　工业快速崛起。围绕"转型升级、绿色崛起"目标，着力打造"1+4"立县产业体系、构建"1+3"特色产业园区、建设"3322"骨干产业项目，望奎开发区已晋升为省级经济开发区，形成了以"双汇北大荒"为引领的肉类制品企业、以"龙蛙农业"为引领的粮食制品企业、以"乡味五十六"为引领的调味制品企业、以"鑫利源农业"为引领的功能食品企业、以"高贤酒业"为引领的酒类制品企业、以"阿尔卑斯"为引领的特色饮品企业，六大食品加工企业集群

望奎县被评为全国粮食生产先进县

望奎县被评为全国生态农业建设先进县

不断壮大，再加上生物医药、纺织服装、包装建材、生态能源四大传统产业，以质量更高、效益更好、结构更优、优势充分释放的产业体系，把望奎打造成绿色食品工业大县和纺织加工基地、北药产业基地、新型材料基地、新能源基地。

生态建设良好。县境三面环河。西洼荒

双汇北大荒食品有限公司生产车间

望奎县被评为国家级生态示范县

省级湿地自然保护区和妙
香山旅游区风景秀丽、景
色迷人。全县有林地面积
48.4万亩，森林覆盖率达到
14.4%。县境内分布大小矿
泉水眼 108 处。是全省自然
保护区工作先进县、国家三

西洼荒省级湿地自然保护区

北防护林建设先进县、国家级生态示范县、全国绿化模范县和全国文
明县城。

人文底蕴深厚。诗词文化、黑土文化、民俗文化繁荣发展，是中
华诗词之县、中国民间文化艺术之乡、中国书法之乡，望奎皮影被列
入世界非物质文化遗产名录。望奎还是老一辈无产阶级革命家、全国
人大常委会原副委员长林枫同志的故里，从望奎走出的共和国将军就
有 12 位。

社会和谐稳定。望奎是全国平安建设先进县和全省民生工作十强
县，社会治安综合治理工作连续多年被评为全省优秀县市，普法工作

连续 3 次被司法部评为全国法治县市区创建工作先进单位，这是黑龙江省唯一获此殊荣的县份。

望奎县素有"皮影之乡"美誉，是"江北派"皮影戏代表

近年来，望奎县深入学习习近平新时代中国特色社会主义思想，坚决贯彻落实中央"五位一体"总体布局和"四个全面"战略布局，按照省委"奋力走出全面振兴全方位振兴发展新路子"和市委"都城地"发展战略，对标聚焦新时代新时期新阶段望奎的时代特征和发展重点，坚持以脱贫攻坚统领全县经济社会发展，深入实施一体

林枫同志纪念像

化布局、产业化引领、园区化承载、精准化脱贫、现代化支撑"五化推动战略"，强力推进经济社会转型升级和绿色崛起。2018 年，全县地区生产总值实现 76.3 亿元，同比增长 3.3%；固定资产投资完成 14.1 亿元，增长 3.3%；公共财政预算收入完成 4.15 亿元，增长 7.1%；规模以上工业增加值增速达到 10.6%；社会消费品零售总额完成 28.3 亿元，增长 7.8%；城镇和农村常住人口人均可支配收入分别达到 19330 元和 13141 元，分别增长 6% 和 11.5%。

二、致贫原因

1. 难忘洼荒"情"

"西洼荒，西洼荒，泥沟沟，烂洼塘，十年九涝不打粮"，如今稻菽滚滚的千亩大方，过去却是那样一片景象。

望奎先锋镇三段村程家烧锅屯高殿贵老人今年 78 岁，回想早年的事老人忍不住叹气："当年我家 7 口人，口粮田却只有 11 亩洼地，没钱改水田，春天雨勤种不上地，夏天雨大铲不完地，秋天雨多庄稼收不回来，要是遇到大坝开口子，更是颗粒无收。爹妈体弱多病，三个儿子还小，那日子别提多难了。"高殿贵回忆，20 世纪 90 年代之前，

八十年代初简单落后的农业生产方式

程家烧锅全屯500多亩土地有400亩是洼地，八成人家常年缺吃少穿，有些年景烧柴都成问题。每年春耕结束后，但凡有劳动能力的村民都要外出打工补贴家用。"家家户户都是老人在家照看孩子，白天大街上都看不到年轻人。这一比，现在的日子天天都赶上过年了。"

2. 地薄难出产

"黄麻子"种薯基地位于东郊乡正白前二村。每到马铃薯收获的季节，几十辆运输车就像一条长龙，从地头连到村口。"今年的土豆又丰收啦，价钱还好。现在的日子真是好过啦！"正白前二村81岁老支书陶景林坐在村口笑眯眯地回忆。

陶景林是土生土长的正白前二村人，对村里一草一木的变化如数家珍。"俺村本来就是地少人多，人均口粮田只有两亩多，地薄又不打粮，能把孩子喂活都不容易。要是遇到个旱涝年头，家家都得熬个苦春头子。"据了解，正白前二村将近4000口人，土地不足1万亩，还有

东郊镇正白前二村正在将收获的土豆装车销售

落后的生产方式影响了粮食产量

一半是二洼荒地。过去一直是两匹马一套犁的"老祖宗种法"，家家的收成仅够年吃年用，男女老少外出打工是攒积蓄的唯一出路。"土坯房、纸窗户、一铺炕、四方桌，家家一样；大碴子、土豆粥、冬缺烧、夏少粮，户户如此。"这句顺口溜贴切地写出了当时情况。陶景林回忆，土地联产承包后，特别是 20 世纪八九十年代，全村 90% 的土地种的是大豆和玉米，玉米亩产只有五六百斤，成色也不好，价格上不去，留够口粮能卖的所剩无几。

3. 孩子要读书

扶贫数据显示：截至 2016 年年底，全县因学致贫的家庭有 1615 户。

周少维老人今年 77 岁，7 岁跟随父母从辽宁逃荒来到恭六乡乾二村。

回忆当年的日子，他红了眼圈。"当年，我家人多地少，八个孩

简陋的教学环境，严重制约了教育全面发展

子肩挨肩，还都要读书。年年闹饥荒，给孩子交学费都得东挪西凑。吃的穿的就不用提了，平常喝粥一粒跟着一粒跑，赶上年节吃顿二米饭，那就了不得了。"

"没文化没出路，再困难也得让孩子念书，孩子念好书离开地垄沟，好日子才能开头。"这是老周一直坚守的信念。为了供孩子们读书，老两口想尽一切办法，只管吃饱，不管穿暖。几个大点的孩子穿的虽破但还整洁，小点的孩子只能捡哥哥姐姐穿小了的衣裳。新三年，旧三年，缝缝补补又三年。最终，老周家有五个孩子考上了大学或大中专院校，毕业后留在城里工作。另三个儿女也各有专长，在城里做技术工，生活也算宽裕。每每看到儿女们都过上了像模像样的日子，老周的心里总是美滋滋的。

4. 病来如山倒

据统计，2016 年以来，望奎县因病致贫户达 7017 户，因残致贫户 1089 户。

通江镇坤南村徐春桥一家是十里八村出了名的能干户，老少六口人，夫妻俩年复一年地种地、养牲口，生活虽不富裕，但也算殷实。

2015 年夏天，一场突如其来的变故让这个家陷入窘境。妻子吕美华突然患上大脑胶质瘤病，压迫全身 80% 的神经脉络，如不及时手术治疗，将导致全身瘫痪，但 20 多万元的医疗费却让全家人一筹莫展。7 月份，徐春桥带着妻子和准备建房的 2 万元钱来到哈医大二院检查并确定手术治疗方案，开始为期两个月的住院治疗。手术成功了，命保住了。可家里的地和牲口卖了，刚刚置办的拖拉机也卖了，还欠下 15 万多元的外债。"没事，你好好养病，我还年轻，好好干，几年就能缓过来。"徐春桥只能这样安慰妻子。

5. 无路不富

若要富、先修路，大路大富、小路小富、无路不富。望奎县 15 个乡镇 109 个行政村共有通乡通村路上万公里，截至 2012 年年底，全县还有 2215 公里的土路，上百座连村桥破损，给农村生活带来极大的不便。

每年临近秋收，家家户户都盼着天气能响晴。恭六乡下甸子屯，是望奎县最偏远的山村，那里的路也曾经是出了名的"掏耙道"。2010 年之前，下甸子屯三条路都是土路。遇到雨多的年景，春耕下地播种难，秋收出车收粮难，就连送孩子上学都让家长犯难。"过去是晴天一身灰，雨天一脚泥。遇到连雨天，庄稼回不了家，干柴进不了院。你看现在这路多好，再也不怕下雨不能出屋了。"唐大妈笑盈盈地说道。

总结起来，望奎的贫困既有历史的原因，又有现实的因素；既有自然条件的限制，又有自我革新能力的不足；既有对基层干部教育引导的不力，又有群众思想不够解放的阻滞。

治病要治根，治贫要治本。

2017 年 7 月 18 日，在望奎人民体育广场上，万名扶贫干部齐聚，

通江二节泡水闸口外部筑堤时的情景

全县扶贫推进动员大会隆重举行。

县委书记单伟红深刻总结了望奎之所以贫困的"十大症结":望奎没有发达的交通条件,商贸业外埠渗透能力不强;工业企业发展缓慢,剩余劳动力就业拉动能力弱;一些村屯基础设施建设相对滞后,乡村振兴战略推进实施力度不大;乡镇村经济发展模式单一,长效增收产业匮乏,农民增收路径少;集约化大农业进程推进缓慢,农业科技含量偏低,增产增收效果不明显;经济型种植和科学规模化养殖需要提质增量;个别通乡通村交通运输条件需要进一步改善;一些群众观念守旧落后,自行创收增收的思路不宽、门路不广;一些基层干部群众服务发展和服务群众的意识和能力亟待提升;一些贫困人口看病难、住房难、读书难、安全饮水难、低保五保生活难等问题还没有得到彻底解决。"这些问题,我们不但要敢于面对,更要勇于解决。县委、县政府对广大党员干部和群众充满期待,对全县决胜脱贫攻坚充满信心。"单伟红代表县委、县政府表示。

三、扶贫历程

自 1994 年以来,望奎县的扶贫工作经历了"八七攻坚"(1994—2000 年)、综合性扶贫开发(2001—2010 年)、连片开发与精准扶贫共同推进(2011 年—现在)三个阶段。实现了由黑龙江省"十弱县"—省级贫困县—大兴安岭南麓特困片区县(相当于国家级贫困县)到脱贫摘帽的转变。

1. "八七攻坚"阶段(1994—2000 年)

望奎县于 1994 年 7 月 22 日召开十二届二次全委(扩大)会议,

通过了《实现兴牧富县奔小康战略决议》，这是实施《国家八七扶贫攻坚计划》的具体举措，决议通过后，举全县之力，巩固1985年以来的扶贫成果，县委、县政府带领全县人民努力奔小康，为今后扶贫开发打下坚实基础。

——基础设施建设成绩斐然。1994年以来，实施了"水、电、路、讯、校"等几大工程，截至2000年，全县用于改善农业、农村基础设施建设的投入累计达1.3亿元。全县488.2公里县乡砂石公路，按每人1.2—1.5公里标准设定专人养护，新架输变电线路25.9公里，建希望小学3所，新打机井606眼，全县人畜饮水安全基本得到解决，到2000年乡村电话用户10111户，贫困地区的生产生活条件有了明显改善。

——科技扶贫硕果累累。各乡镇建立了科技扶贫组织，配备了科技副乡镇长。全县获全区科技推广奖10项，其中一等奖1项，二等奖3项。同全国20多所大专院校和科研院所建立了长期对口联系，举办各种实用扶贫培训班1020期，受训人数达到8万多人次。

——社会扶贫动员工作全面推进。1994年，扶贫工作实行县、

实施了"水、电、路、讯、校"等几大工程，解决了农村人口用电问题

乡、村三级帮扶。1997年，扶贫工作实行乡、村干部包扶贫困户，为2544户贫困户解决种子1万公斤、化肥40吨、粮食1万公斤。当年，192户贫困户脱贫。同时实施了行业扶贫、共富工程等专项扶贫措施。

——产业化扶贫初具规模。在狠抓解决温饱的同时，望奎县积极探索发展商品生产，培育特色产业，依靠产业化增加农民收入的新路子，通过不懈努力，全县形成养猪、养鹅、

望奎镇厢红五村瓜菜棚室生产基地一角

养牛、瓜菜、烤烟五大支柱产业，发展小尾寒羊、獭兔、肉鸡三大繁育基地，对拉动千家万户脱贫致富起到决定性作用。

——基层干群关系得到改善。开展扶贫攻坚工作以来，通过"百名科局干部包扶""县级领导帮扶""一帮一"等活动的深入开展，贫困乡村干部群众的思想得到进一步解放，脱贫致富的愿望更加强烈，发展意识、开放意识、市场意识明显增强，干部群众精神面貌焕然一新，基层组织建设和民主法制建设进一步加强。

2. 综合性扶贫开发阶段（2001—2010年）

2001年，黑龙江省有14个国家级贫困县、7个省级贫困县，望奎县虽然不是国家级贫困县也不是省级贫困县，但经省政府批准，有69个行政村定为贫困村，占109个行政村的63.3%，是全省贫困村比例最高的县份。2001年11月17日，县委、县政府召开全县扶贫

养殖扶贫牛，积极"自我造血"脱贫致富

开发动员大会，派出 138 名机关干部组成 69 个工作组，深入贫困村，协助编制扶贫规划。同年 12 月，制定了《望奎县扶贫规划工作方案》，确定了扶持贫困户 15140 户、贫困人口 61205 人。标志着综合性扶贫开发工作正式展开。

按照一次规划，分批扶持原则，每两年扶持一批，开展整村推进扶贫开发，实施"一体两翼"（"整村推进"、"产业化扶贫"和"劳动力培训转移"）扶贫战略，69 个村分 5 个批次实施。

2002—2003 年实施第一批次，重点扶持 9 个村，共有贫困户 2267 户、人口 9748 人。县委、县政府两年安排扶贫资金 605.7 万元。其中，养殖业财政扶持资金 195.2 万元，用于养牛放母还犊项目；人畜饮水井项目代账扶贫资金 124 万元，财政扶持资金 97.5 万元；用于公益事业和养殖业项目财政扶持资金 189 万元。先锋镇先锋村、灯塔乡信四村、海丰镇恭三村、卫星镇惠二村这 4 个村购回扶贫牛（良种西门塔尔基础母牛）686 头；东升、恭六、厢白 3 个乡 5 个村的 13 个自然屯，打人畜饮水井 13 眼；9 个贫困村分别修建 1 处畜牧服务站，其中，8 个村修建了卫生所。实施县直部门包扶计划的有关部门，为贫困村筹集资金 241.03 万元，用于修建学校 3 所，打抗旱井 8 眼，修排水干线 1 条，路涵 55 处。

2003 年，望奎县被省政府确定为"黑龙江省十弱县"。

2004—2005 年为第二批次，仍然扶持 9 个贫困村。两年到位扶贫资金 858.7 万元。购置扶贫牛 1526 头。9 个村完成了畜牧站、卫生所的建设和验收，完成村屯砂石和白色硬化道路 15 公里，完成 13 个自然屯有线电视信号接收塔或地面接收站的建设，14 个自然屯吃上了自来水，投入 100 万元培训和补贴培训贫

后三乡正兰后二村修缮硬质边沟

困户劳动力 2500 人，劳务输出和安排就业 2064 人。

2006—2007 年为第三批次。扶持贫困村 12 个，财政扶贫资金达到 1056.66 万元。除了每村修两公里的硬化道路外，还积极对上争取资金 165 万元，为海丰镇恭二村、卫星镇厢兰头村、恭六乡信七村、望奎镇厢红五村、后三乡正兰后二村、通江镇坤南村增修白色路面 15.98 公里，有的路段修缮了硬质边沟；为莲花镇宽四村修水泥桥 1 座。通过基础设施项目的实施，极大地改善了贫困村生产生活条件。

2007 年 12 月 30 日，省政府第 31 次省长办公会议，确定望奎县为省级扶贫工作重点县。

2008—2009 年为第四批次，扶持 21 个贫困村，资金总量 1815 万元，望奎县的工作方法和工作成效得到省里肯定，在全省"雨露计划"培训和整村推进现场会议两次大型会议上，分别做了经验介绍，在绥化市业务工作评比中荣获全市第一名。

实施了"纳米 863"科技扶贫项目，为贫困户增收提供了科技保障。在全国扶贫开发"一体两翼"工作基础上，大胆创新。争取 150 万元财政扶贫资金，在海丰镇宽二村、通江镇厢白二村、东郊镇香兰四村、卫星镇信头村和厢白乡厢蓝六村实施村级发展生产互助资金试点项目。依托县职业技术学校实施"雨露计划"培训，共培训贫困户

劳动力 5561 人次。

2010—2011 年，实施第五批次，兜底实施 18 个重点村。2010 年，是全省第五批实施整村推进项目的启动之年，望奎县财政扶贫资金到位 961.5 万元。2011 年是实施《中国十年扶贫开发纲要（2001—2010 年）》的收官之年，也是全省实施整村推进项目的最后一年。18 个重点村，第一笔对上争取财政扶贫资金就达到了 733.5 万元，老区项目资金 10 万元，同时，争取了产业化项目建设资金 1000 万元（全省仅有两个县有此项目），特困片区项目资金 406 万元，贷款贴息 60 万元，资金总额达到了 2209.5 万元，村均资金列全省之首，在全市业务评比中荣获第一名。

3. 连片开发与精准扶贫共同推进阶段（2011 年—现在）

2011 年，望奎县被确定为大兴安岭南麓特困片区扶贫连片开发重点县。

2012 年 5 月末，按照大兴安岭南麓连片地区扶贫开发需要，编制完成了《望奎县区域发展与扶贫攻坚规划（2011—2020 年）》，并通过省扶贫办和国家扶贫办复核，9 月 4 日国家扶贫办范小建部长来望奎县考察，对扶贫开发工作给予了高度肯定。望奎县本年度先后十几次接待国家、省、市、县多个层面的视察、考察、检查、现场示范等工作。全年到位财政扶贫资金 2100 万元，资金总量列全市之首。一是整村推进资金 600 万元；二是生猪产业化资金 600 万元；三是连片试点资金 900 万元。

2013 年，是全省"十二五"期间第一批实施整村推进项目的验收之年。望奎县 9 个重点村，资金总量为 2312 万元，其中整村推进资金 548 万元；老区项目资金 15 万元；产业扶贫资金 1380 万元；扶贫产业及基础设施项目资金 369 万元。

2014 年，望奎县认真贯彻落实上级精神，印发了《关于创新机制扎实推进农村扶贫开发工作意见》实施方案，从 5 月初开始全面启动精准扶贫建档立卡工作。经过贫困村、贫困户申请、评议、公示、乡镇审核、再公示、县里公示、数据录入等实际步骤，对全县 109 个行政村中的贫困村和贫困人口进行精准识别，识别出 34 个贫困村 41582 个贫困人口。

望奎县专门制定出台《县直部门定点包扶贫困村实施方案》，确定 34 个县直部门作为定点包扶部门，明确牵头领导、包扶内容及完成时限，要求不脱贫不脱钩。黑龙江省委、省政府派出省直 5 个帮扶部门（省委统战部、省水利水电勘测设计院、省安监局、省气象局、省人防办）到望奎县开展帮扶工作，成立了定点帮扶工作领导小组，结合部门特点细化工作内容和工作要求，明确定点帮扶联络员，驻村逐户了解情况，多次深入田间地头和群众家中，指导推进扶贫开发工作。

2015 年，望奎县围绕贯彻落实"实施双轮驱动、推动综合扶贫"发展战略，坚持区域发展带动扶贫开发，扶贫开发促进区域发展，全年共投入财政扶贫资金 2027.6 万元，减少贫困人口 6115 人。落实《望奎县帮扶贫困村办法》，领导带头驻点扶贫，部门行业积极参与。共投入部门帮扶资金 500 余万元，争取和协调项目资金 350 余万元，带动新建和改造特色产业基地 2 万亩，带动贫困农户户均增收 0.5 万元。

2015 年 5 月 23 日，举行非公企业家到贫困村任名誉村长仪式，省内 34 名知名企业家分别到 34 个贫困村任名誉村长，是我省扶贫工作的创新之举。

2016 年，望奎县认真贯彻落实中央和省市县委关于精准扶贫的重大安排部署，探索符合望奎实际、注重群众增收的脱贫奔小康之路，举全县之力，加快推进实施"户脱贫、村致富、县摘帽"计划。形成了"党委主责、政府主抓、基层主推、部门主帮、社会主扶"的脱贫攻坚工作格局。

全县建档立卡贫困户 14934 户，贫困人口 40674 人，其中国标贫困人口 21566 人、省标贫困人口 19113 人。贫困发生率 10.7%（国标人口贫困发生率 5.7%）。实际减贫人口 23505 人，其中国标人口 13293 人、省标人口 10212 人，分别占年度建档立卡贫困人口减贫任务的 196%、162% 和 267%。

2017 年，制定了《望奎县脱贫攻坚精准识别、精准退出实施方案》，并逐一细化分解，编制成《望奎县脱贫攻坚精准识别、精准退出材料汇编》，发放到各乡镇、村和驻村工作队。制定了《望奎县扶贫资金管理办法（试行）》，加强扶贫资金监管，确保专款专用。县扶贫开发领导小组成立了 14 个脱贫攻坚工作推进组、5 个工作督查组、5 个干部检查组、5 个纪律检查组，通过采取巡回式不间断督查，强力推进各项工作加快落实。出台 12 项惠民优惠政策，让系列惠民政策落地生根。围绕目标导向、问题导向、责任导向，从完善责任机制入手，压实落靠扶贫领导小组顶层指挥责任、分管战线县级领导责任、乡村主体责任、"三位一体"驻村帮扶责任、帮扶责任人责任、督查指导责任、考核兑标责任、监督执纪责任等八个方面责任，打通脱贫攻坚"最后一公里"。2017 年，通过精准识别回头看，望奎县共有建档立卡贫困村 34 个，贫困户 9973 户，贫困人口 25576 人，贫困发生率为 6.64%。

按照《黑龙江省贫困退出机制实施细则（试行）》《2017 年黑龙江省国家级贫困县退出实施方案》和《国务院扶贫办关于印发〈贫困县退出专项评估检查办法（试行）〉的通知》要求，全面启动了贫困退出工作，通过入户调查、筛查比对、公示公告，2017 年年末，望奎县已脱贫 8277 户 21664 人，34 个贫困村全部出列；2018 年 6 月经国家第三方评估检查组评估，全县综合贫困发生率为 1.08%，群众认可度为 96.8%，符合贫困县退出标准；2018 年 8 月 9 日，经国家扶贫办批准，省政府正式宣布望奎县脱贫摘帽，望奎县成为黑龙江省首批摘帽县之一。2019 年年末全县剩余贫困人口全部脱贫。

第 2 章

主要做法

一、强化组织领导，人心齐了！

2017 年，望奎县脱贫攻坚进入了关键期，县委、县政府深刻认识到，作为国家级贫困县，必须把打响脱贫攻坚战作为县域经济"转型升级、绿色崛起"的集结号，必须把打好脱贫攻坚战作为满足人民对美好生活向往的源动力，必须把打赢脱贫攻坚战作为向各级组织和全县人民交上合格答卷的检验尺。因此，望奎县时刻紧绷打好打赢脱贫攻坚战这根弦。通过召开各种学习会、培训会、推进会、调度会，

县委常委会专题研究扶贫工作

切实把全县上下的思想和行动统一到脱贫攻坚上来，把智慧和力量凝聚到脱贫攻坚上来，真正做到以"小康路上一个都不能少"的态度、以"不拔穷根绝不撤退"的力度、以"绣花"功夫和"钉钉子"精神的韧劲，全面推动习近平总书记扶贫开发战略思想在望奎大地落地生根、开花结果。

1. 建好"指挥部"，统领脱贫攻坚

望奎县组建了扶贫开发领导小组，实行由县委书记和县长挂帅任组长的党政双组长制，充分发挥总揽全局、协调各方、先行示范的作用。在县级扶贫机构单列的基础上，设立了全县扶贫开发信息服务中心，负责扶贫开发工作动态、经验、政策、法律法规、信息等工作的收集、整理和发布。成立定点驻村扶贫工作管理办公室，抽调专人组建了秘书组、综合组、宣传组、指导组和5个督导组等工作机构，负责全县驻村干部的日常管理、教育培训、督促指导和考核奖惩等工作。每个乡镇都设立了专门的扶贫办，并配备专职扶贫干部。

扶贫工作领导小组召开会议

2. 选优"指战员"，指挥脱贫攻坚

望奎县主要领导干部都把脱贫攻坚作为最大的使命担当，既当一线"总指挥"，又当"施工队长"，亲自挂帅上阵、亲自研究部署、亲自督办落实。配齐建强了乡村两级干部队伍，健全完善了村级"四议两公开"、经济责任审计等一系列管理制度，所有村都建立村务监督委员会，督促村党组织书记履职尽责。

3. 配强"集团军"，主战脱贫攻坚

统筹县域内134个省直、市直单位和15个乡镇党员干部资源，重点挑选了436名政治素质好、工作能力强、作风正派、熟悉农村工作、对群众有深厚感情的党员优秀干部，组

亿阳集团为东郊镇前水五村农户免费发放鸡雏现场

成了109个驻村工作队派驻各村。全县3000多名干部与9973户贫困户结成帮扶对子，实现了工作队、贫困户帮扶责任人的两个"全覆盖"。为争取域内外知名企业支持脱贫攻坚，黑龙江省委统战部为望奎县34个贫困村分别聘请省内知名民营企业家担任名誉村长，共为贫困村投入项目、物资等折合资金1300多万元。邀请家乡人参与脱贫攻坚，共有20余名域外家乡人投身全县脱贫攻坚大潮中，投入项目、物资等折合资金1000多万元。

在望奎县脱贫摘帽以后，全县各级干部以不摘责任、不摘政策、

不摘帮扶、不摘监管的行动和决心，持续巩固和提升脱贫攻坚成效，结合机构改革，调整了帮扶部门，同步轮换 21 名第一书记、65 名驻村队员。

4. 立下"军令状"，压实脱贫攻坚责任

为了压实责任，望奎县与乡、乡与村、村与屯层层签订目标"责任书"，党员干部人人签订帮扶"协议书"，并实行帮扶单位、驻村工作队、帮扶责任人责任落实"三捆绑"机制。紧紧围绕错退率、漏评率、综合贫困人口发生率和群众认可度等退出贫困的主要指标，切实用责任落实推动工作落实。从县级领导到各乡镇各部门领导，从乡村干部到帮扶责任人，层层分解落实帮扶责任。积极引导驻村工作队、帮扶责任人围绕政策宣传落实、发展扶贫产业、推进移风易俗、加强扶志教育、强化基层党建等重点工作任务，履职尽责、发挥作用。对扶贫脱贫过程中的每项工作都组成专门的专项督查组，对工作中的干部作风、任务落实、责任落实、工作进度、工作成效等方面按照时间节点、操作程序、规范标准等相关规定进行全面督查检查，有力地提升了各项工作质效。

层层签订的目标"责任书"有效推动工作落实

二、加强政策保障，生活好了！

1. 住暖房子

农村危房改造，是党和国家对广大农民的殷切关怀，也是全县广大困难农民最现实、最迫切的要求。

（1）精准施策，把钱花在刀刃上

作为脱贫攻坚"两不愁三保障"的重要内容，望奎县始终将农村危房改造作为打赢脱贫攻坚战的着力点和突破口，在方向确定、资金投入、质量安全和制度保障等方面重精准、强措施、求实效。以"政府主导、群众主体、部门协调、社会参与、分类指导"为原则，确立了"紧盯脱贫攻坚目标，以建档立卡贫困户改造对象为重点，在摸清底数的基础上精准施策，全力推进工程建设"的工作思路，把有限的补

先锋镇白六村贫困户王玉华房屋改造前场景

先锋镇白六村贫困户王玉华房屋完成改造后场景

助资金用在刀刃上，保障贫困户"住有所居""居而保安"。坚持科学规划，把握乡村振兴要求和城乡一体化发展趋势，通过维修、翻建、购买、租赁、兴建幸福大院等多种方式精准改造，采取自修自建和统修统建结合的方式，大力推进危房改造进程。

（2）应改尽改，一个也不能少

望奎县原计划用 2017 年和 2018 年两年时间改造完成全县建档立卡贫困户危房，经过全县上下共同努力，2017 年就全部改造完成。对于建档立卡贫困户危房补助资金，县财政先行垫付，还专门聘请省寒地院总工程师王有军到望奎县危房改造现场讲解指导，结合专家意见和《黑龙江省危房改造维修技术指南》，研究制定了《望奎县 2017 年危房改造实施方案》和《望奎县危房改造技术指南》。对危房基础、墙体、门窗、房屋维修所需的材料、施工技术、质量要求都做

莲花镇厢黄后三村建设的幸福大院

了明确规定。同时，对乡镇主要领导、主管领导、乡建助理员、驻村第一书记、部分施工人员等 200 多人进行了危房维修技术培训和现场答疑。

（3）严格监督，确保群众满意

为确保危房改造工作扎实高效推进，望奎县建立健全了危房改造质量监督检查制度、工程进度督察制度、材料供应保障制度和信息情

海丰镇恭头一村阎家大窝棚屯全景

况综合反馈制度等四项监督机制。县政府成立3个监督检查组，每个组负责督促5个乡镇危房改造工程进度，还成立3个危房改造工作组。县内各砖厂和建材供应商将各类建筑材料的价格、质量、标准向全县公示，各扶贫驻村第一书记每天都会深入危房改造户家中，及时准确了解和掌握工期进展情况，保证了全县危房改造工程全面落实和有效推进。"安得广厦千万间，大庇天下寒士俱欢颜。"告别透风漏雨的土坯房，住进温暖舒适的新居，危房改造政策让贫困群众实实在在沐浴到党的温暖。

2. 吃放心水

"哈哈，老伴儿，来水了。看这水多清亮啊，这回吃水再不用犯愁啦！"望奎县东郊镇厢兰五村大五井子屯贫困户邵洪义拧开自家自

建档立卡前东郊镇厢兰五村困难户高庆云正使用辘轳井打水

来水龙头，只见哗哗的清水喷涌而出，老两口高兴得合不拢嘴。

2017年年初，望奎县以"两不愁三保障"为任务导向，坚持把饮水安全工程作为脱贫攻坚的重头戏来抓，在原有工程基础上，继续加大工作力度，不断推进饮水安全工程建设。

随着大五井子屯自来水的开通，全县655个自然屯全部通上了自来水，农村自来水普及率达99.5%以上。全县9973户建档立卡贫困户的22576名贫困人口的饮水安全问题全部解决，贫困人口饮水安全率达到100%。

望奎县农村饮水安全工程起始于2005年，多年来全县农村饮水工程总体处于"低水平、广覆盖"的普及阶段。望奎县属于贫水区，水源水质相对较好的乡镇工程入屯率达80%以上。水源水质相对较差的乡镇工程入屯率不足70%。地质条件复杂、成井难、单井出水量不足和地下水位高、管网施工极易出现塌方的区

全县109个村655个自然屯全部吃上安全水方便水

域，工程普及率偏低。

针对个别村屯成井难问题，水务部门聘请专家实地多点进行井位电测分析，精准定井位。对一眼井出水量不够的，采取打组合井的办法解决，有 9 个屯打组合井 20 眼。针对施工层出现流沙问题，投放大型顶管设备或机械开槽施工，确保工程进度。

先锋镇四段村地下水铁锰严重超标，水质常年呈现暗红色，浑浊不堪，10 个自然屯的村民肾结石患者比例居高不下，苦不堪言。2017 年 10 月，望奎县水务局决定从 18 公里外的坤四村于文屯铺设管道长距离引水。经过 40 余天的艰苦努力，克服了重重困难，四段村饮水安全工程终于完工，看到水管里流出清亮的自来水，很多村民喜极而泣。

在农村饮水安全工程建设过程中，望奎县有关部门在项目审批、资金筹措、水质监测、价格核定、用地审批、污染防治、工程审计等方面加大工作力度，为农村饮水安全建设提供强有力的组织保证。乡村协调配合，共同解决好工程建设用地、占地及入户等相关问题。县水务部门委托有资质的设计单位提前逐处完成工程勘察、设计；因屯制宜，制定不同模式的工程建设方案，施工中严格把关，打造高标准工程；聘请省监理公司 3 名专业人员驻地监管，并派出 3 个施工推进组，监管工程质量和施工进度。各涉建村屯确定驻村工作队、村干部、管井户、村民代表和老党员作为工程质量监督员，负责施工监管，确保及时发现问题，及时解决。

组织专业化程度高的施工队精准施策，反复排查会诊，边查、边改、边建。最多时，每天有 96 个管网施工队、15 个井房施工队、8 家水处理设备安装企业共计 1500 余人同时施工。通过增水源井、安储水箱、配套水净化设备、进屯入户深入排查梳理、增加施工人力与机械等举措，使水源井出水量不足、水质不合格、管网严重老化等问题得到一一化解。

同时，望奎县创新机制，改革农村饮水工程管理机制，探索乡镇统管、连片承包、规模管护模式。工程承包经营权阳光发包，水费收取公开定价。管护责任落实到人，组织管井员技术培训，提高工程管护水平。探索建立工程维修养护基金制度，确保饮水安全工程得到正常维护，安全运行。

3. 学有所教

再穷不能穷教育，再苦不能苦孩子！教育扶贫，是扶贫助困的治本之策。扶贫必扶智，让贫困地区的孩子们接受良好教育，是扶贫开发的重要任务，也是阻断贫困代际传递的重要途径。相对于经济扶贫、政策扶贫、项目扶贫等措施，教育扶贫是打好脱贫攻坚战的根本保障。

每天中午放学后，望奎县火箭学校宽敞的学生食堂内都是香气四溢，精心烹制的美食盛放在干净整洁的餐桌上，1000 余名学生有序进行集体就餐。"我们学校 2015 年 6 月建起了两所标准化学生食堂，

火箭学校是望奎县扎实推进教育基础设施建设的一个缩影

宽敞干净的学生食堂

学生在食堂就餐

中学和小学学生分开就餐。所有在校学生的午餐都是免费的，荤素搭配，营养安全，学生吃饱为止"，学校食堂负责人白玉忠介绍说。

2012 年 9 月，望奎县成为全国首批学生营养改善计划试点县，所有农村学生每天都可以喝到免费牛奶。2014 年，按照省政府要求，免费牛奶升级为免费午餐，农村学校食堂的建设力度也随之加大。到 2016 年，全县投入 5540 万元，建成农村义务教育学校食堂 29 个，建筑总面积 26979 平方米。所有农村学生全部实现免费午餐，每名学生每年可减少家庭支出 1500 元，得到了国家教育督导组充分认可。

教育扶贫，望奎县干的实、走在前、作表率。2012 年起，望奎县开始实行高中免除学杂费，每年免收学生学杂费 300 余万元，在全省率先实现了 12 年义务教育。同时，望奎县所有农村公办幼儿园免收建档立卡家庭幼儿入园费，所有农村中学都建成了寄宿制学校，并成立校车公司接送学生，特教学校实行送教上门，有效解决了农村学生及残障学生生活和学习上的难题。

幼儿园的孩子们在愉快玩耍

丰富多彩的教学方式

干净整洁的学生宿舍

学生在专心学习

今年，望奎县第一中学又经过积极申请，与中国华侨公益基金会签订协议，成为全省唯一一个设立"树人班"的县级高中。50 名"成绩特优""家庭特困"的望奎县学生可进入"树人班"，每人每年将得到该基金会提供的 3000 元爱心资助。

4. 病有所医

火箭镇厢兰三村的建档立卡户杜景荣，丈夫因尿毒症、脑出血去世，52 岁的杜景荣在自己患有高血压、腰间盘突出的情况下一个人省吃俭用供儿子上大学，好不容易熬到儿子工作，屋漏偏逢连夜雨，2017 年 1 月，儿子高可新突发大面积脑出血，治疗花了 13 万多元。正当杜景荣一筹莫展时，赶上了党的好政策：杜景荣一家被认定为因病致贫户，享受建档立卡贫困户大病救治政策，大病保险、重病兜底加上民政救助等总

高可新现在生活可以自理了

共报销 11 万多元。而且高可新后期康复属于慢性病患者，每年享受门诊慢性病 5000 元百分之百报销政策。每次说到孩子的病，杜景荣都很激动，"2017 年到现在，我儿子住了 4 次院，看了 10 多次门诊，要是没有这些政策，我们娘俩可能都活不下去了"。

2017 年以来，望奎县对建档立卡贫困患者实行大病救治、慢病签约服务、重病兜底保障"三个一批"管理，落实三级医生随访、家庭医生签约服务、"先诊疗后付费"等便民服务政策，用创新的机制、突破的办法，打通了服务群众的"最后一公里"。

"参保缴费有资助、待遇支付有倾斜、基本保障有边界、管理服

县医疗保障局设立的一站式服务中心

基本医保、大病保险、医疗救助三重保障覆盖率全部达到 100%

全面落实医疗保障扶贫政策

全县乡镇卫生院为辖区内所有贫困人口建立健康档案

务更高效、就医结算更便捷"，为了有效解决贫困百姓"看病难、看病贵"的问题，望奎县精准施策、综合保障，实现了农村贫困人口医疗保障制度全覆盖，基本医保、大病保险、医疗救助三重保障覆盖率全部达到100%。

望奎县对医疗保障扶贫工作经费专项列支，建立医疗保障扶贫工作月分析、季调度制度。每年年初都对扶贫医保政策进行梳理，印发年度清单，确保贫困户享受政策不漏项。建立贫困患者台账，保证惠民政策不漏人。规范定点医疗机构诊疗行为，强化用药、检查、收费等环节管理，及时协调贫困患者就医审核、经费结算等方面出现的新情况、新问题。增强每个建档立卡贫困人口对医疗保障就医的获得感。加大对欺诈骗保行为的监督检查力度，确保年检查覆盖率达到100%。

为了加大医疗保障扶贫力度，望奎县还实现了"七个提高"：提高参保资助水平，对贫困人口参保个人缴费部分由医疗救助资金给予资助，其中特困供养人员给予全额资助（260元），其他人员给予60%的定额资助（156元）。提高门诊补偿待遇水平，贫困人口在县

患者家属对一站式服务大厅高效、快捷的服务非常满意

医疗保障局对前来就诊的贫困患者进行"一对一"重点宣传

域内定点医疗机构进行门诊治疗不设起付线，报销比例90%，年度最高支付限额提高到200元。门诊慢性病报销待遇提高5个百分点，封顶线提高到5000元。市域内基层、一级、二级、三级医疗机构报销比例分别提高到95%、85%、75%、60%，起付线分别为100元、300元、500元、800元；省域内就医结算执行市域内同等支付政策，起付线800元，在三级医院住院发生的政策内医疗费，报销比例由城乡居民的45%提高到55%。提高大病保险待遇，贫困人口大病保险起付线由城乡居民12000元降至5000元，报销比例由60%提高至65%，取消封顶线（城乡居民封顶线30万元）。提高住院患者医疗救助水平，住院患者发生的合规医疗费用，经基本医疗保险、大病

工作人员正在通过医疗保障扶贫咨询热线为贫困户解答问题

保险核销后超过 3000 元（含 3000 元）的个人自付部分由医保局按 35%实行医疗救助。提高重特大疾病医疗救助水平，报销后个人负担的住院合规医疗费用，在年度救助限额内对特困供养人员按 100%救助，其他建档立卡贫困人口按 70%救助。

为了更好地为百姓服务，望奎县开通 24 小时医疗保障扶贫咨询热线，年均受理咨询 1600 余件次。完善了县乡村"三级"诊疗体系，全县县乡村定点医疗机构扩展到 130 家。建立了贫困户医疗保障报销信息平台，推行医疗保障一站式服务、一窗口办理、一单制结算"三个一"服务模式。

5.急有所助

2017 年 7 月 13 日，望奎县民政局最低生活保障服务中心驻村工作队通过多方协调，带领远东心脑血管医院专家及医护人员来到莲花镇厢黄后二村为贫困户开展了为期 3 天的免费义诊活动。义诊共诊断出患心脑血管疾病村民 100 人，11 岁的周洪雨就是其中之一。

小洪雨的父亲患有脑血栓，母亲患有先天智力障碍，家里还有双胞胎姐姐和 71 岁的奶奶，这次检查出小洪雨患有先天性心脏病，对这个摇摇欲坠的家庭来说无疑是雪上加霜。驻村第一书记刘文华同志得知情况后，立刻带着小洪雨前往哈尔滨做进一步检查。小洪雨被诊断完全型大动脉转位，非常罕见，能活到现在

县中医院组成医疗小分队定期为贫困户检查身体

已是奇迹。在驻村工作队和村里的帮助下，筹到了小洪雨手术需要的20 余万元钱，为这个家庭解了燃眉之急。

望奎县按照"兜底线、织密网、建机制"的要求，全面建成覆盖全民、城乡统筹、权责清晰、保障适度、可持续的多层次社会保障体系，构建了纵向联通、横向联动的保障兜底工作机制，全力做好脱贫攻坚兜底保障工作。低保标准由 2014 年农村低保年人均 2181 元增长至现在年人均 3900 元；在原先医疗救助标准基础上，对 9 种大病和 5种县内可手术治愈疾病进行细化分类，通过"一站式"结算，实现了政策内合规费用全额核销；在全县 15 个乡镇建设公共服务中心，设立"救急难"专门受理窗口，实现了"一门受理、协同办理"，为急难群众铺建了绿色通道；实现社会救助与慈善帮扶有机结合，对当年考入大学的贫困学生每人救助 2000 元，解决了贫困大学生上学难的问题。

望奎县精准扶贫慈善物资发放仪式

对当年考入大学的贫困学生提供资助

三、推动产业扶贫，腰包鼓了！

产业旺、乡村兴、百姓乐。作为脱贫之基、富民之本、致富之源，望奎县始终把发展产业、增加收入作为根本之举，坚持"点、面"结合，打出产业扶贫"组合拳"，真正让扶贫从"输血"变为"造血"，由"大水漫灌"转为"精准滴灌"。

1. 因户施策，精准滴灌

坚持因户施策、因人施策，科学制定脱贫措施，厘清增收路径，为贫困户量体裁衣，打造产业发展方向。

企业订单精准到户。结合贫困户实际，组织涉农企业与贫困户建立紧密的利益联结。县龙薯联社采取统一品种、统一播种、统一施肥、统一收获、统一仓储、统一销售、统一技术服务的"七统一"方式，变分散投入、分户耕作为合作社统一管理、集约化经营。现已发展贫困户社员 29 人，带动贫困户社员户均增收 2.5 万元以上。为进一步助力脱贫攻坚，龙薯联社还在 8 个贫困村落实马铃薯种植面积 4000 亩，带动 260 户贫困户参与马铃薯种植，户均增收 1.8 万元以上。

新型农业经营主体引带精准到户，对无意愿经营土地和无劳动能力的贫困户，积极帮助其流转土地或带地入社，全县共有 1506 户贫困户通过土地流转或带地入社等方式户均增收 2000 元左右。先锋

龙薯联社集科研、生产、销售为一身的现代化复合型新型农业经营主体

龙薯联社以土地入社等形式带动周边乡村贫困人口就业

龙蛙水稻种植基地

镇 82 户贫困户将自家水田流转给合作社，合作社再将贫困户流转的土地整体流转给黑龙江省龙蛙农业发展股份有限公司，贫困户每流转 1 公顷土地就可增收 9000 元。同时，贫困户也可以选择与黑龙江省龙蛙农业发展股份有限公司签订订单合同，按照公司要求进行水稻种植，一公顷地额外可挣工资 8000 元。定产 700 斤，超产部分农企 6∶4 分红。农户自有农机统一机耕作业，每台每亩地还可获得 260 元收益。

就业安置精准到户。对有劳动能力、有务工意愿的贫困户，积极帮助提供用工信息和就业岗位，全县 48 个农民专业合作社共吸纳 623 名贫困人口务工，人均年增收 5000 元左右；375 名贫困人口在域内企业务工，人均年收入 2 万元左右；生态护林员岗位共安置贫困人口 2880 名，人均年增收 1800 元。

信贷支持精准到户。根据"因户施策、因人施策"的原则，坚持宜种则种、宜养则养、宜商则商，采取政策扶持、干部帮扶、社会支持等形式，对贫困户精准落实符合实际的脱贫措施。全县新增养殖户 1875 户、个体户 463 户，年户均增收 4000 元左右。海丰镇宽二村

龙蛙农业发展股份有限公司正在收获"私人订制"水稻

耿家屯李秀玲，通过申请扶贫小额贷款拿到了产业发展资金，建成了145平方米的全封闭猪舍，当年入栏17头后备母猪和40头仔猪，年底40头仔猪全部出栏，实现纯利润9000元，顺利脱贫。

2. 因地制宜，整村带动

"村民富不富，关键看支部；村子强不强，要看'领头羊'。"望奎县因地制宜调整和优化产业结构，围绕地域优势做文章，大力发展集体经济。在"面"上，实现整村带动。

金融扶贫整村带动。将扶贫小额信贷作为解决贫困户发展生产融资难的有效途径之一，充分发挥其期限长、免抵押、全贴息等特点，全面解决了贫困群众发展缺资金的问题。

光伏产业整村带动。针对部分没有发展能力的贫困户，将光伏扶贫作为带动"老、弱、病、残"等无劳动能力人口的重要途径，通过光伏产业的带动，在增加贫困群众收入的同时，贫困群众的获得感和满足感也得到不断提升。2017 年，望奎县通过涉农整合资金投入建设的方式，共建村级光伏电站 35 个，总装机容量 14.121 兆瓦。

生猪产业整村带动。立足生猪养殖大县实际，着力提高生猪产业扶贫组织化程度，大力推广以双胞胎集团、牧源集团为代表的"龙头企业＋金融机构＋致富带头人＋农户"的生猪代养模式。灵山乡正兰后头村生猪代养场在 2017 年 10 月建成投产，总投资 200 万元，由养殖经验丰富的致富带头人那宏宇出资 125 万元，正白后头村 37 户贫困户通过扶贫贷款入资 75 万元，共同成立"扶贫合作社"。合作社与望奎县双胞胎猪业有限公司签订代养协议，双胞胎猪业公司按照"猪场设计、商品猪苗、猪群防疫、饲料、技术服务、商品猪回收全部统一"的六统一方式，将商品肉猪委托给"扶贫合作社"代养并支付每头生猪不低于 150 元的代养费。目前，代养场出栏生猪均重在 240 斤以上，每头代养生猪可获利 188 元，贫困户年可获得"带资入社"分红款 1200 元。

集体资产整村带动。坚持"村组操作、群众参与"的原则，通过引领主导产业、盘活集体资产、开发集体资源等多种方式，对村集体土地、水源水域、产业项目

望奎县发展光伏产业助力脱贫

等资产收益权进行合理分配，为村集体经济收入提供长久稳定的资金来源，由单一的"输血救助"向多元模式的"造血自生"转变。后三乡厢白七村、东郊镇厢兰五村等将村集体所属设施经营所得按 4：6 分成分给全村贫困户，户均分红在 500 元以上。

庭院经济整村带动。引导贫困群众充分利用房前屋后的零星土

灵山满族乡育肥猪代养示范场外景　　　贫困户在"小菜园"种植的胡萝卜喜获丰收

地，发展庭院经济增收致富。通过建起小养殖场、小菜园、小食品加工厂，发动广大帮扶干部和社会各界购买来自贫困地区、贫困户的农副产品与服务，使农家庭院变成了各具特色的"聚宝盆"和"摇钱树"。

四、突出党建带动，基础牢了！

近年来，望奎县委坚持把基层党建与脱贫攻坚深度融合，充分发挥基层党组织的战斗堡垒和党员的先锋模范作用，不断把党的政治优势和组织优势转化为脱贫攻坚的强大动力。

1.筑牢脱贫攻坚"桥头堡"

农村党组织是脱贫攻坚主战场的"第一道防线"，是脱贫攻坚力量的根本源泉。望奎县深入实施基层党建"八大工程"，在规范管党治党责任落实、优化党组织设置、规范党内组织生活等八个方面细化了 31 个具体工作项目，从思想和行动上给全县基层党组织和党员来一次"扫描""体检""治病"。同时，结合深入实施农村基层党组织建设三年质量提升行动计划，以创建有好的带头人、有活动场所和经费保障、有主题和实践载体、有培训和管理"四有"党支部为目标，对全县 109 个村党总支全面实行分类定级、

灯塔镇惠四村党总支委员马维旭和贫困户一起查看谷子长势

分类晋级管理，确定"优秀"村 41 个、"良好"村 60 个、"较差"村 8 个，精准提升农村基层党组织建设质量。

灯塔镇惠四村被确定为"较差"村党组织让村书记周国滨情绪低落，镇党委多次派人找他谈话，帮助他出点子、想措施，帮周国滨找回了信心。他带领村"两委"干部对健全村级管理制度、强化党员教育管理等方面进行全方位整顿，通过近一年的努力将惠四村晋升到"良好"等次。如今的惠四村班子凝聚力、战斗力显著增强，村民都

为不断进步的党组织竖起了大拇指。

为了让基层党组织学有榜样、干有目标，望奎县委大力推进了"富美和谐"乡村建设。坚持以提高乡村治理水平为重点，以村党组织为核心，通过规划布局、形

火箭镇正兰三村村貌

卫星镇水头村"富美和谐"示范村

象设计、资源整合、信息共享、健全机制、工作联动等措施，着力打造一批"一强"（党建强）、"双富"（集体富、群众富）、"三美"（设施完备生活美、生态宜居环境美、乡风文明身心美）、"四和谐"（党群和谐、干群和谐、邻里和谐、人与自然和谐）的"富美和谐"乡村建设示范村。目前，全县以火箭镇正兰三村、莲花镇厢黄后头村、后三乡正兰前三村为代表的一大批"富美和谐"示范村，为全县农村基层党建工作、乡村振兴发展以及脱贫攻坚提供了样板和示范。

2. 打造脱贫攻坚"领头雁"

近年来，望奎县委坚持"一好四强"标准，注重从致富能手、外出务工经商能人、大学生村官、复员退伍军人中大力选拔村"两委"干部。目前，全县村"两委"班子成员70%以上

火箭镇厢红二村更国万亩玉米种植专业合作社正在进行秋收生产

都是各类带头人，特别是通过村党总支换届，将 23 名懂经济、会经营、善管理的优秀党员选拔到村党总支书记队伍。

北薯南种收获现场

常更国是火箭镇厢红二村党总支书记，当地的老百姓亲切地称他为脱贫路上的"特种兵"。从 2012 年开始，他就带头成立了更国万亩玉米种植专业合作社，流转了全村 96.3% 的土地，开创了全县规模经营土地整村推进的先河。为了将合作社做大做强，他主动与金农、祥和、禾丰等 3 家合作社联合组建龙薯现代农业农民专业合作社联社，吸纳 1700 户群众为社员，其中贫困户 28 户。2017 年 10 月，他带领 27 户社员在广东湛江辟建 4830 亩马铃薯种植基地，探索实施"北薯南种"，当年 27 户社员每户增收万元以上。目前，合作社在广东湛江基地种植面积已达 1.3 万亩，引带贫困户 110 户。

为了进一步让村党总支书记履好职、尽好责，县委采取集中培训、外埠考察、远程教育等多种方式，先

通过多种方式对贫困村党总支书记进行专题培训

后选派 90 多名村党总支书记到山东潍坊、江苏宿迁、黑龙江甘南兴十四村等地进行专题培训，坚持每年举办 1 期村党总支书记集中培训班；健全完善村级"四议两公开"、经济责任审计等一系列管理制度，村务监督委员会实现全覆盖，每年都与乡镇党委签订目标责任状，督促村党组织书记履职尽责。

3.建强脱贫攻坚"主力军"

党员干部是打赢打胜脱贫攻坚的决定因素，理应成为脱贫攻坚走在前、干在前、冲在前的"主力军"和"突击队"。

望奎县低保局派驻厢黄后三村的驻村工作队就在第一书记刘文华的带领下，协调相关部门为村里投资建桥 3 座，修硬质路边沟 2500 延米；为全村 59 户贫困户每户赠送鹅雏 20 只；引导贫困户种植绿豆、板蓝根特色经济作物 1000 余亩，户均增收 1000 元以上，赢得了当地群众的一致好评。

为督促驻村工作队认真工作、履职尽责，望奎县委坚持从严监管，制发了《望奎县精准脱贫工作问责暂行办法》《关于进一步加强驻村干部和帮扶责任人作风建设的若干规定》等文件，成立了两个脱贫攻坚专项巡回检查组，推行常态化的督导检查，督促各级驻村干部和帮扶责任人履职尽责、发挥作用。

莲花镇厢黄后三村村貌

4.让产业成为脱贫攻坚的"主引擎"

"我在合作社干活一天纯收入 150 元,不缺工的话,一个月下来就是 4500 元,家里 10 亩地一年的流转费是 4800 元,再加上养的两头猪,到年底就能致富奔小康啦。"后三乡正兰后三村贫困户赵天生逢人就算这笔"幸福账"。

正兰后三村采取"党支部 + 合作经济组织 + 农户"党建工作模式,由村集体领办创办了博康中草药种植合作社,村集体投资 50 万元,5 名合作社成员投资 250 余万元,35 户贫困户以 220 亩土地入股,发展桔梗、半夏等中草药种植 600 余亩,通过按股分配办法,每年村集体可实现收入 12 万元,提供就业岗位 30 余个,助农增收 10 万元。

近年来,望奎县委按照"组织建在产业链、党员聚在产业链、农民富在产业链"这一目标定位,深入实施了"培育 10 个'党组织 + 产业化龙头企业 + 基地 + 农户'典型模式、100 个'党支部 + 合作经济组织 + 农户'典型模式、1000 个'党员能人 + 农户'典型模式,带动 10000 名贫困人口脱贫"的"十百千万"党建富民工程。全县 9973 户建档立卡贫困户通过带资入企、带资入社、企业带动等形式,每年都能获得分红及务工收入千元以上。

在"富百姓"的同时,还积极探索"富集体"的有效路径,累计向村级投入资金达到 2.8 亿元,建成棚室、养殖场、加工厂、光伏发电等项

后三乡正兰后三村中药材种植基地

莲花镇厢黄后三村建温室大棚发展集体经济　　　　先锋镇白四村食用菌产业

目 61 个。2018 年年底，全县村级集体经济收入实现 3600 万元。

5. 建好脱贫攻坚"加油站"

望奎县每年将村级党建工作和活动经费、基层干部教育培训经费、村级补充工作经费以及取暖费等各项经费 770 多万元全部纳入财政预算，保证了村级工作正常运转，全县 109 个村活动场所自有率达到 100%。

为激发乡镇党委龙头作用，推行了"强乡扩权"改革试点工作。

火箭镇正兰三村文化广场一角

教育、农业、财政、民政、水务等 8 个县直部门在火箭镇、卫星镇、莲花镇、通江镇、灯塔镇 5 个试点乡镇下放行政权力 22 项，有重点地强化乡镇干部任免管理权和建议权、增强财政支配权、扩大社会管理权、下延执法监管权、不断增强乡镇职能，提升乡镇综合服务能力水平和为民办事的能力，打通服务群众"最后一公里"。

为有效激发村级带头人干事创业的热情，县委不断强化激励保障，切实提高基层干部待

积极推进"强乡扩权"改革试点工作，打通服务群众"最后一公里"

遇保障，全县村书记、主任、会计年工资分别达到 2.68 万元、2.2 万元、2.2 万元；将 15 名村党总支书记上挂乡镇党政副职，3 名带富能力强、群众威信高的村党总支书记通过换届选举进入乡镇党委班子；每年结合实绩考核工作，对优秀的村党总支书记隆重表彰，极大地激发了村党总支书记的光荣感和使命感。

五、改善人居环境，乡村美了！

1. 靓丽乡村，宜居宜游

望奎县把改善人居环境、促进乡风文明作为助力脱贫攻坚、深入实施乡村发展战略的重要工作内容。通过深入实施"硬化、绿化、香化、亮化"工程，逐步改善村庄环境，着力打造了一大批"宜居、宜养、宜游"的靓丽乡村。

——路宽了，人心顺了。县委、县政府每年都安排专项资金逐

着力打造"宜居、宜养、宜游"的靓丽乡村

火箭镇正兰三村东湖公园

批次将乡村 3.5 米的街道加宽至 5 米，硬化排水沟，逐步消灭砂石路，逐村安装路灯。到目前，全县村屯道路硬化率达到 98% 以上，彻底改变了多年前"晴天一身灰""雨天两脚泥""过车一股烟儿"的状况。

火箭镇厢红三村街角

——树绿了，村屯干净了。在全县范围内专项开展清理农村生活垃圾、清理村内河塘沟渠、清理农业生产废弃物、清理农户庭院空间、改变农户不良卫生习惯、村屯绿化等行动。全县 109 个行政村的垃圾治理将全面构建起"户分类、村收集、镇转运、县处理"的模式，建立完善的横向到村、纵向到屯的垃圾治理全覆盖体系，村级的生活垃圾全部实现有效收集。

——天蓝了，农民富裕了。县委、县政府深入开展秸秆禁烧和综合利用工作，全面推进农村生活污水和污染源治理工程，不但保卫了

莲花镇信六村环境整治

干净整洁的农村环境

空气清新环境优美的乡村小镇

蓝天，还将秸秆和粪污变废为宝，增加了农民收入。2018 年，全县秸秆可收集量共有 169 万吨，通过肥料化、饲料化、燃料化、基料化利用，总体利用率达到 78% 以上。特别是在肥料化利用方面，通过秸秆直接还田的方式，利用秸秆 32.66 万吨，建设 3 个畜禽粪污处理中心和 2 处堆沤肥点，利用秸秆 6.6 万吨。

2.文化扶贫，舞出精彩

几年前，望奎县乡村的文化基础设施很薄弱，老百姓连活动场所都没有，业余文化生活也十分单调、匮乏，加之不同程度的贫困也压抑了群众文化的兴旺。

扶贫先扶志，望奎县委、县政府高度清醒地认识到：要摆脱贫困首要的并不是摆脱物质的贫困，而是摆脱意识和思路的贫困。在实现产业化带动人民走向致富之路的基础上，还需要精神上的滋养，文化扶贫——用文艺的力量，激发脱贫内生动力。

望奎县以村文化基础设施建设为载体，建成了小型文化广场 75

个，逐步实现了 34 个贫困村文化广场全覆盖。为中心村文化活动室配备了电脑、音响、乐器、服装等文化器材和物资。"文艺轻骑兵"小分队利用流动舞台演出车深入 15 个乡镇广泛开展文化惠民文艺演出，年均送演出达 125 场次以上。

以前的后三村，是全镇出了名的后进村，村上债台高筑，村民大多靠贷款种地过日子。为改变现状，在大庆打拼多年已成为大庆市南洋食品公司总代理的王福成被请回家乡，任命为后三村党支部书记，挑起了带领家乡人脱贫致富的重担。参加过文化扶贫培训后，王福成深知懒惰和缺乏技术知识是造成贫困的主要原因，而对于因懒惰及对生活失去希望的致贫人员，最急切的需求是改变精神面貌，重塑生活信心。经过深思熟虑后，王福成开始了文化扶贫，带领大家学习理论政策、实用技术、市场经济知识。要求"两委"成员通过学习提高政治素质和工作能力，通过交心、谈心，统一了思想，明确了责任，各项工作都进行民主决策。组织党员干部学习，带领乡亲们艰苦创业，村民们都交口称赞书记是村民心里的"主心骨"、产业发展的领路人。

2016 年，后三东屯建设满族文化大舞台一个、文化广场 1200 平方米，配套了体育器材和农家书屋，并与大庆残联艺术团和市县等文艺团体结成了对子，这些团体每年都到村上送文化下乡义演。还连续 10 余年举办了本村的群众文化节，每场演出观众达到近万人次，周边乡镇十里八村的人们都来观看。组织村民利

群众在广场上翩翩起舞

莲花镇厢黄后三村村民在文化广场上表演自己创作的文艺节目

用农闲时间跳广场舞、扭秧歌，到农家书屋阅览、学习，深入开展了以"自强、感恩、文明"为主题的扶志教育活动以及"村贤榜""致富能人""状元星"等评选活动。文化扶贫工作的开展，极大地活跃了城镇乡村的文化氛围，而取材生活反映现实，寓教于乐，健康向上的活动内容，又具有鲜明的导向性和教育性，得到了良好的社会效果。

3. 路通人和，民心舒畅

近年来，望奎县从打通制约农业经济发展的通乡通村公路破题，筑造以城市为中心、以干线公路为骨架、以乡村道路为辐射的"两环八射"农村公路网。

（1）一张蓝图绘到底

要想富，先修路。望奎县把道路工程建设上升为"一号工程"，专门成立县道路工程建设指挥部，聘请哈工大专家团队编制了《望奎县"十三五"交通建设规划》，在此基础上又科学编制了《望奎县"十三五"农村公路建设规划》，对每项工作逐一明确"时间表""任务书""路线图"，做到一张蓝图绘到底。全县用于农村公路建设配套

"畅、安、舒、美"的先锋镇公路　　　建设中的城乡公路

资金达 5 亿元。道路通达能力的提升，不仅打通了加快发展大动脉，更为打好打赢脱贫攻坚战奠定了坚实基础。

（2）"PPP"模式破解融资难

作为穷县弱县，资金短缺仍是制约农村公路建设的最大瓶颈，面对全县人民想修路、盼致富的强烈愿望，望奎县把破解资金瓶颈的重点锁定在了"PPP"模式上，有效解决了农村公路建设"钱"从哪里来的难题。2016 年望奎县通过"PPP"模式融资 1.2 亿元建设农村公路 279 公里，成为首个在《中国招标与采购网》上发布并成功落地实施"PPP"模式建设农村公路的县份，开辟了黑龙江省以"PPP"模式建设农村公路的先河。

（3）把"四关"打造样板工程

建设良心路，打造精品路，工程质量是"生命线"。望奎县在农村公路建设上严把准入关、材料关、现场关和布局关，着力打造"四好农村路"样板工程。全县新改建农村公路一次交工验收合格率达 100%。"十三五"以来，共完成交通扶贫公路 1070.6 公里，三级路网改善 134 公里、窄路面加宽工程 730 公里、撤并村通硬化路工程 200 公里、危桥改造 93 座、处置安防里程 605 公里。同时，突出产

望奎至四方台公路改造前后对比图（改造前）

望奎至四方台公路改造前后对比图（改造后）

望奎县城至海丰镇公路

2018 年 9 月，望奎县被授予"四好农村路"全国示范县荣誉称号

业路、旅游路、资源路建设，新建开发区路网 10.1 公里、特色小镇道路 30 公里、农田机耕道路 433 公里。

（4）管养结合提升整治水平

农村公路三分建七分管，望奎县农村公路管护上有着自己的"独门妙技"。在管上坚持"三到位"，确保超限超载治理到位、路田路宅分家到位、公路环境整治到位。成立交通综合执法队伍，从源头切断超限超载根源。明确线路占地权属，有效维护路产路权。坚持日常监管、集中整治相结合。严格落实属地管理责任，切实提升农村公路整治水平；在养护上突出专业化、常态化、信息化、机械化。全县 15 个乡镇和 109 个村全部配备专业监管员和护路员，路面技术状况指标逐年上升。在全县重点乡镇、村屯路口设置 50 个视频监控采集点和 10 个治超点，对运营车辆"三

工作人员对道路进行管理养护

超"情况进行全面监管。先后购置除冰机、清扫车、灌缝机等养护设备 70 余台套,农村公路列养率达 100%。2012 年至 2016 年,望奎县被省交通运输厅评为"农村公路管理养护先进县"称号。2017 年至 2018 年,被评为"农村公路管理养护优秀县"称号。

(5) 服务"三农"建新功

路通民心畅,发展好保障。畅通的城乡道路,为望奎县构建"两轴经济带""一环经济圈""两镇一区两廊"的基本发展框架夯实了牢固基础。农村道路硬化延伸到村到屯、到田间地头,吸引一大批农副产品加工项目落户望奎,进一步支撑起"1+4"立县产业体系和"1+3"特色产业园区,促进了中心城、卫星镇、功能乡、特色村相互支撑、协调发展的城乡经济发展新格局的形成。

完善的农村公路网打破了农村原有的种养二元生产模式,促进了物流、电商、旅游等新兴产业发展。目前,全县入驻电商产业园、物流产业园、建材产业园的仓储、运输、快递业户达 53 家,农村电商网点在村建站全覆盖,2018 年农村电子商务交易额达 4.2 亿元。龙蛙大米、魁旺大酱、黑土根笨榨大豆油等一批名优农产品远销全国。采摘园、农家乐、小渔村等旅游产业应运而生,吸引了大批城镇人口到

望奎县电商"淘实惠"服务站

海丰镇恭三村农民张志忠网上"淘金"

乡村体验田园风光，2018 年全县旅游综合收入超过 1.48 亿元。

畅通的农村公路，拉近了城乡间的距离。促进了城乡间优势资源的双向流动，城内的优势资金、资产投向农村发展，农村绿色优质的农产品源源不断流入城内，实现了优势互补、互促互进；贫困程度较重的灵山乡—厢白乡—惠七镇贫困片区、恭六乡—东升乡—莲花镇贫困片区，通过实施连片扶持、整体脱贫战略提供了有力的交通保障，加速了东北部贫困大片地区脱贫解困进程，为望奎县打好打赢脱贫攻坚战提供交通助力。

四通八达的公路网，提升群众的幸福指数。目前，全县建有省级客运一级站 1 个、乡镇客运站 15 个、村级客运站 3 个，其中对 12 个客运站进行升级改造，拓展服务功能，打造成以客运、货运、邮政、快递、物流、供销等服务为一体的综合服务站，乡村公交停靠站 70 个，8 个乡镇开通了公交车线路，全县行政村通客车率达 100%，实现了路通车通。

六、激发内生动力，思想变了！

望奎县为引导贫困群众发扬自力更生精神，激发贫困群众脱贫致富的内生动力，大力实施"扶志扶智·技能培训"工程，通过聘请哈尔滨农业大学知名教授、家政能手、创业精英组织开展技能培训，切实提

劳动就业局开展扶贫农业技术培训

聚精会神听取创业就业培训的贫困群众

培训班技术人员回访玉米种植贫困户，
讲解玉米安全储藏方法

高了培训层次和培训实效；通过组织脱贫致富典型现身说法，结合自身经历讲解传授生产经营技术技能，让贫困群众学到技能的同时，增强了脱贫致富的信心，较好形成了"一人带一群"的辐射效应。

知识改变命运，技能创造财富。东升乡乾一村贫困户李大文对这句话感受颇深，李大文一家4口人，2013年洪涝灾害使其种植的12垧水稻"打了水漂"，一下子举债8万余元，2015年被识别确定为建档立卡贫困户，没多少文化、还没一技之长的李大文，只能在村周边打零工度日。参加技能培训、听了致富典型的经验介绍后，"穷则思变的种子"在李大文内心萌动，使他有了创业的想法。在村"两委"班子、驻村工作队的帮助下，他创办的家乐玉米种植农民专业合作社流转土地现已达到2300多亩，已带动50户贫困户带资入社，户均年增收3000元以上，成了全乡有名的"示范脱贫户"。

望奎县充分利用国家"雨露计划"等惠农政策，根据全县实际情况，利用农闲时节进行大规模种植、养殖技能培训。"雨露计划"中到村培训和致富带头人培训涵盖了种植、养殖等丰富的致富内容。在养殖专业课教师的指导下，农户们不仅掌握了相应的疾病预防和治疗方面的知识，有效控制了饲养成本，受训农户平均提高收入30%左右。而且极大地提高了县域内广大农民、特别是贫困人口的内生动力和脱贫致富的能力。

第 3 章

巩 固 提 升

一、实施产业扶贫巩固再提升工程

在巩固脱贫成果上，望奎县把以搞好产业扶贫为主线，坚持防止返贫和巩固提高相结合，立足资源优势，发展特色产业，通过"政府引导、市场运作、企业带动、群众参与"方式，实施产业项目扶贫，使全县建档立卡贫困户稳步增收。2017年和2018年贫困人口人均收入分别实现6436元、7284元，2019年人均收入预计实现8158元，比2016年脱贫摘帽前的3464元分别增长了2972元、3820元、4694元，

海丰镇恭头一村中草药种植基地棚室内，驻村工作队正在查看长势情况

分别增长 86%、110%、136%。

全力引建产业项目促增收。最大限度发挥龙头企业的带动作用，脱贫摘帽后，在龙头企业的带动下，全县订单农业突破 100 万亩，以杂粮杂豆、食用菌、中草药、树莓等特色种植为主，全县已有 78 个村屯初步形成了"一村一业"。海丰镇恭头一村确立了"田园养生之地——绿色有机北药产业之村"发展思路，打造中草药种植"一品村"，全村 80 户贫困户与绥化市北方药材开发研究所签订了种植收购合同。同时，望奎县还不断谋划项目建设，在新一轮产业项目三年行动中，首批就签约产业项目 26 个，签约额达 60.6 亿元。

金融助力作用促增收。稳定落实金融扶贫政策，对有发展意愿和能力，符合贷款条件的贫困户全部发放扶贫小额贷款，助力贫困户发展生产经营；对没有产业发展意愿，符合贷款条件的贫困户，积极引导其将扶贫小额贷款资金投入农村专业合作社的生产发展中，通过参与农村专业合作社的生产发展，与农村专业合作社建立紧密的利益联结机制，实现高质量的可持续增收。贫困户利用扶贫小额贷款资金发展种植业、养殖业、手工业、加工业等项目，生产经营性收入稳定提高，收入结构得到全面优化，自我发展和保障能力不断增强。

工作人员为贫困户发放小额贷款

壮大集体经济促增收。制定出台了《望奎县发展壮大村级集体经济三年规划（2018 年—2020 年）》，通过几年来的工作，涌现出以通江镇正兰头村为代表的集体经济管理型、以莲花镇厢黄后三村为代表的利用政策资金型、以厢白乡前惠五村为代表的发展村级产业项目型等一批示范村，仅2018年，全县共消灭集体经济"空白点"10个，全县集体经济收入10万元以上的村达到70个。特别是海丰镇八方村干菜厂，莲花镇厢黄后三村富林园成合作社，厢白乡厢白后头村海涛小浆果合作社，厢白满族乡前惠五村笨榨豆油厂、筋饼加工厂和肉牛养殖场等一批村办企业异军突起，在促进贫困户增收方面发挥了积极的推动作用。

中共望奎县委办公室文件

望办发〔2018〕25号

中共望奎县委办公室
望奎县人民政府办公室
关于印发《望奎县发展壮大村级集体经济
三年规划（2018年—2020年）》的通知

各乡（镇）党委、乡（镇）人民政府，中省县直各单位：
《望奎县发展壮大村级集体经济三年规划（2018年—2020年）》已经县委、县政府同意，现印发给你们，请结合实际认真组织实施。

中共望奎县委办公室
望奎县人民政府办公室
2018年11月21日
— 1 —

制定出台《望奎县发展壮大村级集体经济三年规划（2018年—2020年）》

发展小微项目促增收。大力发展以安置就业、"菜园革命"为主要形式的"小微产业"，贫困户自我发展动力、能力、活力不断提高，实现多元创收增收。坚持以就近就便就业补收入，坚持以强化技能培训实现就业、奖励激励稳定就业、政策帮扶拓宽就业等方式，实现贫困群众不离乡、不离土、就近就便"家门口"转移就业。坚持以政策安置补收入，通过政府购买服务"送岗上门"方式，大力开发护林员、保洁员、护路员、秸秆禁烧员等公益岗位，大力推广公益性岗位帮助贫困劳动力拓宽就业渠道，实现就业增加收入。坚持以实施"菜园革命"补收入，以"散而不失规模、简而不失特色、小而不失效益"为原则，宜种则种、宜养则养，为贫困群众量身定制个性化的庭院

厢白满族乡前惠五村筋饼厂生产车间

经济发展方案，引导贫困群众统一小菜园、小牧园的种养品种和标准，打造了小规模大群体的种养格局，扩大了小菜园、小牧园的规模效应，促进了商品销售，规避了小打小闹无竞争优势。脱贫攻坚以来，每年都有6000多名贫困群众与机关、事业单位、社会爱心人士等签订小菜园、小牧园购买协议，贫困户每年户均增收600元以上。坚持以新经济增长点补收入，支持和引导有条件的贫困户开办农家乐和建设现场采摘园，延伸产业链销售，全县田园养生、旅游观光、电子商务等各类农业综合体吸纳贫困人口400多人，人均年可增收4000元。

提高项目效益促增收。大力整合财政涉农资金，通过统筹整合使用财政涉农资金，撬动金融资本和社会资本投入扶贫开发，建立了"多个渠道引水、一个龙头放水"的扶贫投入新格局，提高了资金使

卫星镇水二村利用棚室发展香瓜种植

通江镇鑫海食用菌种植专业合作社外景

用精准度和效益。2014 年以来，望奎县累计投入产业项目建设资金 3 亿余元，先后建设扶贫产业项目 42 个，每年带动贫困村和贫困群众增收近 1000 万元。2017 年投资建设的通江镇坤南村生猪代养场，通

生猪代养场正在进行消毒工作

过租赁的形式将建设完成的养殖场发包给双胞集团用于生猪养殖，项目收益率达 6.5%，带动了全镇 600 多户贫困户，户均增收 800 元。

二、实施安居扶贫巩固再提升工程

为实现从安居向宜居的根本性转变，望奎县坚持危房改造与人居环境三年整治行动紧密结合，建立危房改造动态管理机制，对"四类户"改造完成房屋和 B 级边缘危房，实时监管，随时整改可能出现的各类问题，巩固改造成果。在 2017 年改造完成 5209 户危房基础上，两年来又改造"四类重点对象"危房 5787 户，其中建档立卡贫困户 712 户、低保户 4198 户、分散供养特困人员 332 户、贫困残疾人家庭 545 户。2019 年新建 3120 户功能现代、风貌乡土、结构安全的宜居型农房。

望奎县制定了《关于开展农村危房改造实施情况"回头看"工作方案》，以建档立卡贫困户、低保户、分散供养特困人员、贫困残疾

后三乡正兰前三村航拍图

人家庭等（简称"四类户"）对象为重点，采取地毯式、拉网式的排查方法，对在脱贫攻坚工作中改造的"四类户"房屋认真开展了已改造户住房安全"回头看"活动，对建档立卡贫困户住房安全情况进行全覆盖排查。聚焦"回头看"发现的问题，按照一户问题房制定一套施工方案落实整改，通过摸排整改，着力解决了住房质量安全、住房使用管理、原有危房拆除、补助资金发放等方面问题，切实保障了贫困人口基本居住条件，确保其住上安全住房。

以质量安全为根本，望奎县紧紧围绕危房改造政策，进一步强化服务和指导，确保危房改造工作惠民生、暖民心。在充

后三乡厢白十三村董武家

火箭镇正兰三村科学规划改造的农村危房

分尊重农户改造意愿的前提下，大力开展了农村宜居型住房建设，积极推广使用 EPS 模块等新型建筑节能材料。同时派出工程监理人员，送技术下乡，科学规划蔬菜种植区、养殖区、仓房、柴禾、园子等，以此传承农耕文化，保留农村生产生活特色。

望奎县严格执行国家危房改造政策，C 级危房通过加固维修、捆绑、支撑、牵拉、紧固、纠偏、注浆、抹面等方式，改善危房结构体系不合理、承载力不足、构造措施不完备、室内棚和电线等存在安全隐患的问题，消除正常使用下的危险点。D 级危房通过购买、翻建新房等方式进行改造，在室内

通过新建幸福大院的形式确保贫困户全部住上安全房

合适位置建设室内卫生厕所，对原有危房无条件拆除。改造后住宅符合规划要求和政策要求。从施工前准备、工程施工、清理验收等各个层面进行监管。把握乡村振兴要求和城乡一体化发展趋势，加大对残垣断壁和破旧危房的清除力度，彻底消灭危房。

遵循"预防为主、防治结合、综合治理、安全利民"的房屋使用安全管理原则，望奎县重点抓了日常监管、新增危房、返危治理等后续工作，建立健全常态化巡查工作机制，切实保障人民群众生命财产安全，达到巩固治理成果实现长效管理目的，做到应进则进、应扶尽扶、应改则改，确保稳定脱贫。同时，继续加强修缮加固质量管理，通过提高施工人员水平，规范使用建筑材料，规范验收程序等措施，切实保证治理工程质量，达到治理目的。

三、实施教育扶贫巩固再提升工程

1. 暖心帮扶，助寒门学子圆梦

"于海超是我们望奎一中学生，家境贫寒，品学兼优。在今年的高考中，他以优异成绩通过严格的招飞体检，被空军航空大学成功录取，励志蓝天，翱翔逐梦。他也是望奎走出去的第十位飞行员，是我们的骄傲"，望奎县第一中学校长邹尚操自豪地说道。

于海超的爸爸于德已年过六旬，于海超上高中后，一家人从望奎先锋镇散北西村搬到城里买了两间泥草房陪读，生活很困难，但于海超从未向学校提起。"今年孩子考上飞行员后，学校到家里慰问才看到家里的状况，马上筹集送来了一万元爱心救助资金，解除了孩子的后顾之忧。"

"感谢王军华董事长的亲切关怀，我一定好好学习，立志成才，

2018 年秋季"树滋助学金"发放仪式

将来也要像王董事长那样,用爱心回报社会,用奉献回报家乡。"先锋镇中学初三(二)班学生王雪娇,从初一开始就享受每年 1000 元的"树滋助学金",也让她学会了要怀有感恩之心。王军华是江苏省南京市苏交科集团有限公司副董事长,父亲王树滋早年曾在望奎县先锋镇插队工作,同当地建立了深厚感情。按照父亲生前遗愿,王军华于 2016 年秋在望奎县设立了"树滋助学金",每年资助家庭贫困、品学兼优的学生 160 人。其中,先锋镇中学学生 60人,每人每年 1000 元;望奎一中、望奎二中学

全面落实教育扶贫资助政策,确保建档立卡家庭学生资助全覆盖

生各 50 人，每人每年 2000 元。截至目前，已累计为贫困家庭学生发放助学金 100 余万元。

为实现"不让一名学生因贫辍学"的教育扶贫目标，望奎县还积极落实"五免、五补、一贷、一帮"资助政策，实现建档立卡家庭学生资助全覆盖。2015 年以来，共免除建档立卡贫困生入园费、午餐费、普通高中和职业高中学杂费、残疾儿童特殊教育入学费等合计 465.8 万元，发放各类补助 1414.7 万元，办理助学贷款 1365.5 万元，受益学生达 1.7 万余人次。截至目前，建档立卡贫困家庭学生已全部脱贫，寒门学子充分共享改革发展成果，共沐党恩与国家温暖。

2. 积极改善办学条件

2013 年 6 月，望奎县火箭学校易址新建，总投资 2200 余万元的教学楼和宿舍楼投入使用。现代化的教学设施，配备完善的理化生实验室、音体美教室、微机室、多媒体功能室，标准的食堂，绿化、美化、硬化、体育设施齐全的操场，内外教学环境焕然一新，教学质量

通过音体美教学促进学生德智体美全面发展

督促每个学生动手做实验，有效提高学　城乡中小学现代化实验设备
生操作技能和实践能力

也显著提升。近三年，学校先后获得望奎县"教学质量提高先进单位"、绥化市"第五届劳动模范表彰大会模范集体"、绥化市"文明单位标兵"等多项殊荣。

　　火箭学校是望奎县扎实推进教育基础设施建设的一个缩影。2016年以来，全县教育基础设施建设及教育设备投入资金达2.5亿元，高标准完成了一批城乡中小学校舍、教师周转房、食堂和公办幼儿园等建设项目，新建校舍10.1万平方米，维修、改扩建校舍4.9万平方米。投资3.15亿元的新一中已开工建设，为35所义务教育学校"武装"

信息技术教育基础设施完善

多功能教室 358 个，新上"班班通""校校通"等教学设备 8629 台（套），全县中小学校基础设施建设全面提档升级。2018 年 6 月，义务教育均衡发展工作在全市率先通过省级验收。

3. 全面提升教学质量

"故今日之责任，不在他人，而全在我少年。少年智则国智，少年富则国富，少年强则国强……"在第六小学联盟体经典诵读汇报演出活动中，来自恭六小学的高子涵吟诵起《少年中国说》铿锵有力、慷慨激昂。他和很多同学一样，是第一次走进城内学校，也是第一次登台。这次活动让他增长了见识，开阔了视野，陶冶了情操，也更加爱上了读名著、诵经典、背古诗。

2018 年，望奎县教育局创新举措，组建了教育研培中心和 8 个城乡教学联盟体，初步形成了以研带培、以研促教、以研提质新机制。其中，城内学校作为联盟牵头单位，充分发挥师资与管理方面优势，与成员学校实现了理念、管理、课程、名师、评价"五个共享"和备课标准、教学进度、测试内容、教学评价"四个统一"，有效带动了弱校发展。同时，联盟体内部还通过教师跨校兼课、联校联研和送教下乡等办法，对口帮扶薄弱学校，大力提升农村学校的整体办学水平，形成了以城带乡、相互促进、协同发展的良好态势。

学生们在进行经典诵读学习

为进一步推进义务教育均衡发展，望奎县还实行校长教师交流轮岗制度。正副校长采取"强向弱交流、小向大交流"，实行中小学目标考核末位淘汰制，2016年以来，共交流校

县第六小学联盟体经典诵读成果汇报会

长 31 人，副校长 41 人，交流比例达 43.9%；教师采取城乡双向交流、强弱轮岗交流和联盟体互动交流，先后向农村派出支教教师 247 人，选调农村教师 120 人到城内学校交流培养，城内中小学班主任教师轮岗达 136 人。

通过轮岗交流，大大促进了学校区域均衡发展和教育整体公平，师资配置更加均衡，城乡间、校际间差距明显缩小，有效解决了学生择校择班问题。同时，促进了教师专业成长，有效促进了校际间教学交流的尝试整合，实现了农村学校教育教学质量大幅提升。

教育扶贫路，逐梦奋进时。教育体育局局长柳福宽列出了全县教育改革成效清单：学前教育健康发展，学前三年毛入学率达到

城乡中小学校图书配备充足

望奎县深入开展传统文化进校园活动

县教育局组建了教育研培中心和8个城乡教学联盟体

通过轮岗交流等措施实现了城乡教育均衡发展

84.3%，普惠率达到 79.6%；义务教育均衡推进，小学生巩固率达到 100%，初中生巩固率达到 99.8%；高中教育稳步提升，高中阶段毛入学率达到 94.7%。2014 年以来，7 名学生考入清华大学、北京大学，200 余名学生考入了复旦大学、浙江大学、南京大学、上海交大等名校。2019 年高考，全县一本、二本上线人数分别达到 299 人、895 人，同比分别提高 15% 和 4%，再创历史新高。刘

海丰中学学生吴昊洋获评"2018 最美孝心少年"

惠七中学强雪妍获评"新时代龙江好少年"

楠同学以 690 分全市理科第一名的成绩被清华大学录取，平一帆同学以 611 分全市文科第三名的成绩被复旦大学录取。同时，义务教育均衡发展工作在全市率先通过省级验收，火箭学校被评为全国教育系统先进集体；2018 年全市教育系统年终实绩考核名列第一名，并先后涌现出"全国十佳最美孝心少年吴昊洋""全国最美家庭李冬梅家庭""新时代龙江好少年强雪妍""最美乡村教师何春雨"等一大批先进典型。

四、实施健康扶贫巩固再提升工程

县委、县政府重点围绕"如何更好地看病、治病、防病和怎样防止因病致贫、因病返贫"五个核心问题全面展开健康扶贫工作。县乡村 1000 多名医务工作者，对全县贫困人口逐乡、逐村、逐户进行精准再识别，特别是建档立卡未脱贫人口 999 户 2292 人和建档立卡贫困人口中患病需救治的 11157 人的患病情况进行重点识别，并录入省健康扶贫综合管理系统，为进一步集中救治和签约服务提供科学依据。对识别出的大病规范化救治，按时间节点分期分批组织患者到定点医院进行集中救治，严格控制不合理医疗费用，救治率达到100%。对现有白内障和先心病符合免费救治政策并具备手术适应症的患者，确保全部完成救治。

东郊镇正白前二村贫困户雷万江，56 岁，因高血压，脑出血后遗症，长期口服药物治疗，2019 年 5 月雷万江突发心前区疼痛，急找村医冷艳娇，冷大夫通过手机远程接通县中医院急诊科陈春平主任，陈主任初步诊断疑似心肌梗塞，他立即派 120 走急诊绿色通道，把患者安全转诊到县中医院，为患者争取了宝贵时间。通过陈主任的全力抢救和治疗，患者脱离了生命危险。"谢谢陈主任和冷大夫为我老头子看病，你们真是在世华佗，我们的救命恩人啊！"雷万江老伴感动地说。

对农村建档立卡贫困人口实现家庭医生签约服务全覆盖，签约率达到 100%，为贫困人口建立健康档案，提供健康教育等基本公共卫生服务，对高血压、糖尿病、结核病、严重精神障碍 4 种慢性病一年四次规范化管理与服务，其他慢性病患者提供一年一次规范化的慢性病健康管理服务和健康教育指导。

火箭镇厢兰二村建档立卡贫困户蔡桂兰，68 岁，2018 年因患老慢支、肺气肿、肺心病，在火箭镇卫生院住院治疗，医疗费用花了 3300 多元。"先诊疗后付费，我先不用花钱，等出院一起算，去掉 100 元起付线，95 ％ 报销，自己只花 200 多元

县级医院与乡镇卫生院开通了远程会诊系统

钱，为我减轻了很大负担，而且是县医院大夫给我看病，在乡镇卫生院住院，吃住方便，节省了很多费用"，蔡桂兰感慨道。2018 年，望奎县通过医共体建设，实现医疗资源上下贯通、信息互通共享、业务高效协同，为贫困人口提供健康教育、疾病预防、慢性病管理、分级诊疗、康复指导等全方位全周期的卫生健康服务，让贫困患者得实惠。

2017 年，望奎县开始医共体试点工作，火箭镇卫生院与望奎县中医院组建医共体。按照"县级医院有多大，乡镇卫生院就有多大"的要求，医共体实行统一组织管理、统一业务管理、统一资源共享、统一信息化管理等"十个统一"管理模式，火箭镇卫生院建设

新建成的火箭镇卫生院

望奎县深入落实基层卫生人才能力培养计划，不断提升基层医疗服务能力

远程会诊中心和配备软件系统，彩色 B 超机、血分析仪、尿分析仪、心电机等配套设备，业务收入由原来每年几万元，到 2018 年的 240 万元，全院的整体水平得到全面提升。

开展贫困人口健康促进三年攻坚行动，进一步提高贫困人口居民健康素养，针对贫困人口主要健康问题，深入开展健康教育进乡村、进家庭、进学校"三进"行动，尤其针对贫困重点人群、重点疾病、主要健康问题和健康危险因素，广泛开展健康教育，通过巡诊、随访、举办健康知识讲座等多种形式，大力普及健康知识，健康教育覆盖率达到 100%。

"有啥别有病，一病垮全家"，为把扶贫工作落到实处，望奎县人民医院及中医院充分发挥自身优势，以"流动医院"为载体，先后派出内、外、妇、儿、眼、康复、超声等科室的志愿服务队队员近 800 人次，同"流动医院"走遍全县行政村和城乡敬老院，开展义诊义治和志愿服务活动。

五、实施保障扶贫巩固再提升工程

1. 兜底保障，应保尽保

望奎县对兜底保障开展了动态管理模式，制定了《望奎县开展农村低保专项治理及重新认定工作实施方案》，明确了"九项精准认定"方法和十种"重点清理对象"，通过家庭信息核查大数据系统，对贫困家庭收入和财产信息准确核查，让真正困难的贫困户靠前纳入，实现"应保尽保"，让"假贫困"户原形毕露，实现"应退尽退"。同时建立高龄贫困人群信息档案，依据个人申请＋主动发现的"双保"机制，对全县符合政策条件的贫困高龄对象实施分类保障，将符合条件的贫困高龄人群纳入农村低保和特困供养政策中，提高了全县农村低保和特困供养服务能力和水平，确保兜底保障政策有效落实。

除兜底保障领域扶贫政策外，望奎县还开展了多项专项帮扶：建立了以劳动换物品的爱心公益超市自助式帮扶模式，对自愿参加村集体组织的公益活动、带头整治户容户貌、带头宣传扶贫政策、帮助孤寡老人献爱心等弘扬传统美德，传递正能量的贫困群众进行登记造册，定期向参与活动的贫困群众进行款物发放，实现社会爱心捐赠与贫困群众的精准对接；邀请

爱心公益超市正在为贫困户发放生活物资

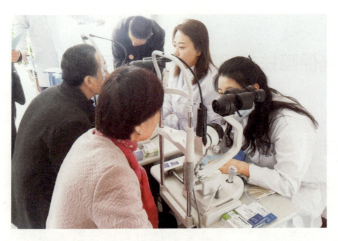
哈尔滨市爱尔眼科医院为建档立卡贫困户进行慈善医疗救助

哈尔滨爱尔眼科医院来到望奎,为斜弱视儿童和白内障患者进行免费治疗;开展精准扶贫送温暖活动,为贫困户发放过冬衣物500件;为贫困户免费发放鹅雏、鸡雏,为贫困户提供种子化肥,代卖秋收粮食,等等。

2. 医疗保障,救急救难

在参保资助方面,对贫困人口参保个人缴费部分由医疗救助资金给予资助,其中特困供养人员给予全额资助,其他人员给予60%的定额资助。在门诊补偿待遇方面,贫困人口门诊治疗不设起付线,报销比例90%。在门诊慢性病报销待遇方面,报销比例75%,封顶线5000元。在住院报销待遇方面,市域内基层医疗机构报销比例95%,起付线100元;一级医疗机构报销比例85%,起付线300元;二级医疗机构报销比例75%,起付线500元;三级

工作人员正在为患者家属耐心细致地解答医保政策

医疗机构报销比例 60%，起付线 800 元；省域内就医结算执行市域内同等支付政策，起付线 800 元，在三级医院住院发生的政策内医疗费，报销比例 55%。

在大病保险待遇方面，贫困人口大病保险起付线 5000 元，报销比例 65%，取消封顶线。在住院患者医疗救助方面，住院患者发生的合规医疗费用，经基本医疗保险、大病保险核销后超过 3000 元（含3000 元）的个人自付部分按 35%实行医疗救助。在重特大疾病医疗救助方面，对患有重特大疾病的贫困人口在县域内住院合规医疗费用，对基本医疗保险、大病保险、各类补充保险等报销后个人负担的住院合规医疗费用，在年度救助限额内对特困供养人员按 100%救助，其他建档立卡贫困人口按 70%救助。

六、实施内生动力巩固再提升工程

1. "三式" 培训启新程

脱贫摘帽后，望奎县委、县政府重整行装再出发，着眼持续巩固脱贫攻坚成果，紧抓贫困群众思想观念更新转变不放手，继续深入开展以扶志扶智为重点的创业就业技能培训。通过整合培训资金、培训场地和培训师资，采取"办班式培训＋入户式培训＋田间式培训"的"三式"培训模式，实现创业就业技能培训县域 15 个乡镇全覆盖，让有劳动能力的贫困群众都有一技之长，掌握脱贫致富的"看家"本领。

办班式培训。县就业服务中心、县妇联等单位，多维度开展以创办企业、网络电商等为重点的"创业培训"，以种植、养殖、食用菌栽培等为重点的"农业实用技能培训"，以月嫂、育婴和养老护理等

望奎县举办"雨露计划"技能培训班

为重点的"巾帼家政培训",以农产品加工、手工编织、剪纸和工艺品制作等为重点的"特色技能培训",有力提升贫困群众的创业就业能力。

入户式培训。深入开展"两联三送"活动,组织就业技能培训教师、科技人员、帮扶干部等,积极联系贫困村、贫困户,将技能、政策和岗位直接送到贫困户家中。结合贫困群众培训需求,畅通入户培

创业就业培训班教员和学员就培训知识和创业就业政策展开分组讨论

就业服务中心编印的《贫困人口务工就业指南》

训"直通车"，实施"一对一"精准培训，切实提高了培训质量。编印10000 册《贫困人口务工就业指南》，将就业创业政策和岗位信息送到贫困户手中，实现在"家门口"找到工作。

后三乡农技人员深入田间指导烤烟生产

田间式培训。组织技术人员以田间地头、养殖现场、农家超市等生产一线为培训课堂，直面贫困群众劳动生产过程中存在的问题，开展有针对性的培训指导，通过将传授知识、实践操作和疑难解答相互融合，让贫困群众在解决问题的同时，真正掌握了增收致富的关键技术。

"学到技能、看到希望、找准出路、焕发生机"，现已成为望奎县众多贫困群众的真实写照。

2. 培训 + 就业，志智双扶拔穷根

脱贫致富不仅要注意"富口袋"，更要注意"富脑袋"。授人以渔，扶贫扶心，才能彻底拔掉穷根。望奎县推出"技能培训·就业服务"工作模式，围绕扶志扶智抓培训。通过不断激发脱贫内生动力，巩固提升脱贫成效。

李树斌今年 59 岁，是莲花镇厢黄后三村建档立卡贫困户，夫妻俩常年患有慢性病，儿子李明在村周边打点零工。微薄的收入让正值壮年的李明感到前途渺茫。2018 年，李明参加了"技能培训·就业服务"培训班后，终于找到了新的人生方向。"老师在课上进行精彩

的理论讲解，课下手把手地教我们实践操作，不但让我技能水平明显提升，而且对自己也更有信心了"，李明如是说。

"扶上马"还需"送一程"，技能培训不能仅仅是"一培了之"，还要为贫困户找准施展技能的平台。在"技能培训·就业服务"培训班完成培训后，望奎县就业服务中心还为每位参训学员量身制定后续就业服务计划，提供职业指导、职业介绍、政策扶持等免费个性化的帮扶措施。经就业服务帮扶，李明在河北省保定市顺凯鞋材制造有限公司成功就业，并在短短一年间，从最基层的车间工人做到了车间技术员，月工资从2800元涨到了6070元。"非常感谢党和政府帮我联系务工，我对我们家脱贫致富更有信心了"，李明说。

3. 激发内生动力，提升凝聚力

"山绿起来人富起来，天地间回荡着中国节拍，我们的笑脸映辉风景的色彩……"，9月8日，望奎县开展庆祝新中国成立70周年暨第四届群众文化艺术节，莲花镇厢黄后三村文艺队在植物园的专场演出，吸引了上千群众前来观看，好评如潮。"文化育民、文化惠民、文化乐民"，望奎县在提升乡风文明和推进移风易俗上，坚持把文化建设作为突破口，通过开展丰富多彩的文化活动，提升凝聚力，激发内生动力，改变陈规陋习。

"自从进了村里的舞蹈队，现在整天琢磨排舞编舞和练功了"，厢黄后三村68岁的卢慧芳笑着说道。老伴关贵军为配合她，还买来音响设备，主动组织、带领大家一起编舞跳舞，生活过得充实，更重要的是身体也变好了。这些文化活动的开展，不仅改变了村民的不良习惯，提高了村民素质，也推动了移风易俗，让乡村焕发出勃勃生机。

作为"中华诗词之县"，望奎县动员全社会开展脱贫攻坚诗词作品征集活动，让更多人从才学到行动都融入脱贫攻坚中来，共征集作品300余首，从中收录60余首编辑成册，在《黑土文艺》《双龙诗联》

望奎县编印的脱贫攻坚诗词集《望奎风韵》

等文艺期刊及县网信公众号上刊播。同时，县文广旅局、县文联组织文化艺术界人士深入脱贫一线采风，创作脱贫攻坚中涌现的先进典型和事迹，创作的小品《扶起来》，既展示了全县党员干部脱贫攻坚，决胜小康的信心和决心，也反映了贫困户从以贫为荣转变到以贫为耻的心路历程，节目还应邀到中央电视台综艺频道《我爱满堂彩》栏目进行了表演。

惠七镇惠六村苏家屯的张永和，自己视力残疾，可视度非常低，老伴和儿子精神都不正常，儿子也患视力残疾，生活非常窘迫。2015年，张永和家被精准识别为贫困户，在政府带动下，

望奎县创作的小品《扶起来》剧照

望奎镇厢红六村开展"五好家庭"暨"十佳孝星"评比活动

学着养牛，如今风生水起，年收入两三万元。去年，张永和被评选为"脱贫光荣户"，他的事例激励了很多贫困群体。为激发更多贫困群众摆脱贫困，望奎县结合实际开展了"百名脱贫光荣户"评选、"最美庭院"评选

和"自主脱贫典型"评选等系列评选活动，受到百姓认可和好评。望奎县坚持"身边人讲身边事，身边事教育身边人"，组建专兼职结合的社会化宣讲队伍，到群众中间巡回宣讲，同时，组织道德模范、身边好人、美德少年等先进典型现身宣讲，传递道德，引导群众见贤思齐，营造起了"讲道德，做好人，树新风"的浓厚氛围。

七、实施人居环境巩固再提升工程

1. 农村人居环境再提升

在农村人居环境整治方面，望奎县不断加大整治工作力度，持续改善和巩固农村人居环境，不断提升群众获得感、幸福感。

集中民智广宣传。望奎县把宣传动员工作作为提升农村人居环境的突破口。火箭镇结合精准扶贫和精准脱贫行动等工作，党员、人大

乡镇干净整洁的街道及绿化

后三乡厢白七村街道

厢白乡惠五村保洁员正在为鲜花除草

代表、妇女代表等进村入户宣传农村人居环境整治的目的、内容和意义，带动广大群众共同参与到提升行动之中。通过宣传，火箭镇正兰三村每家每户主动与村委会签订门前三包责任，做到垃圾日产日清，统一收集、统一转运、集中无害化处理。火箭镇的"垃圾革命"只是望奎县农村人居环境提升的一个缩影，目前全县各乡镇的人居环境都有了很大程度的提升。

汇聚民力做表率。今年，望奎县多次召开现场会开展党员带头、干部带头、贫困户带头整治环境活动。要求乡村全体党员从自己生活的周边环境入手，主动对自家房前屋后的柴草、建筑垃圾和乱堆乱放的杂物进行彻底清理。通过环境治理，干部群众激发了改变的内在动力。各村积极学习先进村的治理方式、改造模式和建设形式，村干部干劲十足，投入力度更大，群众参与度更高，配合程度更高，各村的村容村貌都得到较大提升。

改善民生新动作。2018年，望奎县全面吹响"厕所革命"号角，在近

水冲式环保公厕

几年已进行部分改厕工作的基础上，按照群众接受、经济适用、维护方便、不污染公共水体的原则，采用以水冲三格式玻璃钢化粪池为主，以水冲式环保公厕为辅的建设模式，确定改厕 2000 个，实现"厕所革命"整村推进，让乡村面貌焕然一新。莲花镇厢黄后三村实施"小型污水处理厂 + 农户三格化粪池 + 专业清理队伍"改厕模式，整村推进农村室内厕所改造。"其实厕所不臭的秘诀就在这个化粪池里。"望奎县农业农村局人居环境负责人介绍，"三格式化粪池由 3 个相互连通的密封粪池组成，粪便输送至第一池后，经过截留、沉淀、发酵三道流程，最终进入贮粪池。贮粪池中的粪便经过处理后，不仅臭味大减，肥效大增，还减少了对水体的污染"。如今百姓改厕的积极性高了，如厕不用去室外了，既环保，又提高了人居环境质量。

凝聚民心奔小康。望奎县在抢抓各种政策机遇，改善基础设施、产业发展的同时，下力气推进"菜园革命"，对于推动贫困群众脱贫致富、内生动力提升有着巨大推动作用，点燃了千千万万贫困群众奔小康的激情和热情。围绕"兰明青望海"寒地黑土蔬菜产业经济带建设，按照"一区、两带、三园"蔬菜发展格局，以农户庭院生产绿色化、模式多元化、三产融合化、经营组织化、菜园美观化、产品商品化为方向，深入推进"菜园革命"。东郊镇厢兰五村小菜园种植的豆角、辣椒等蔬菜作物，通过驻村工作队联系中学食堂、县域蔬菜经济人等方式，实现订单生产，户均收入达到 1700 元。

建章立制促提升。望奎县印发了《望奎县脱贫攻坚十大巩固再提升工程实施方案》，方案中包括生活垃圾收集、转运和处理设施；农村污水治理、河塘沟渠清淤设备及配套设施；新建、改建农村户用厕所及粪污处理等设施设备；村庄道路公共绿化、路灯、活动场所等环境配套设施等人居环境相关管护制度。各乡镇、村制定《环境卫生村规民约》，并与农户签订《门前三包责任书》，真正做到用制度规范农户不良习惯。大力推进能源革命，形成以秸秆为主体的能源结构，从根本上化解畜禽粪污和秸秆能源资源综合利用。全县拟建秸秆压块站 16 个，加速秸秆肥料化、基料化、饲料化、燃料化和原料化进程，不断提高秸秆综合利用率，确保达到 90% 以上。在通江镇红头村、白二村、灵山乡前头村建立三处畜禽粪污集中处理中心，完善畜禽粪污收集、贮存、处理、利用体系，不断探索资源化利用新模式，不断提高畜禽养殖废弃物资源化利用率，确保达到 90% 以上。先锋镇白五村整村推进秸秆综合利用，主要是以望奎县居民特色蔬菜种植农民专业合作社为建设主体，在该村建设一处占地面积一万平方米的有机肥堆沤场和一处占地面积 3000 平方米秸秆压块燃料加工站，每年可利用秸秆 9000 吨以上，提升了该村的秸秆综合利用水平，彻底解决了秸秆露天焚烧问题。

2. 吃上水，吃好水，吃放心水

为确保农村饮水安全工程长期有效运行，巩固提升建设成果，望奎出台了《望奎县农村饮水安全工程管护办法》，在供水管理、工程管理、水费收缴及维修养护基金提取等方面做出了具体规定，明确了农村饮水工程"县、乡、村、户"四级管理责任和义务。同时，建立健全各项管理制度，确保工程长效运行，群众持续受益。

乡镇自来水井房

水务部门对老井、老管网、老水处理随时出现的新问题，及时发现，及时解决。技术性较强、乡村维修队不能自行解决的，及时上报县水务部门，由水务部门负责组织施工经验丰富、技术能力强的技术人员提供技术支持，及时抢修，快速恢复供水。对新盖房户，特别是贫困户，及时补充入户自来水。

每年按照丰水期和枯水期，对水源水质、供水水质进行两次常规检测，供水规模超过3000人的供水工程，实行不定期多频次监测，及时更换锰砂料、消毒药剂，保证工程受益范围内生活饮用水达标。加强水源地保护监管，搬迁、拆除或清除对饮用水源安全带来威胁的污染源。

同时，强化安全管理，由各村负责对供水水源设施的管理和保护，确保水源工程设施正常运行。管井员负责对水源工程设施定期观测、维修、养护并建档登记，加强水源井和供水期间机电设备巡视

乡镇自来水处理设备

检查。乡镇每季度对所辖区内的工程进行一次安全隐患排查，并分期分批搞好管井员岗位操作技能和安全常识培训。目前，望奎县水务部门已开展技能技术培训十余次，培训管井员及乡镇村领导上千人次，有效提升了农村饮水安全系数。

2019年8月，火箭镇鲁家屯水源井因年久失修，水质开始变浑，影响了村民饮用安全。水务局接到情况反馈后，派出专业人员进行实地勘察，决定为该屯新打一眼水源井。"仅仅用了两天时间，县水务局就为我们打了一眼深达100米的新水源井，而且新井的水质特别好，烧出来的水一点水垢都没有，老百姓都非常高兴。"村党支部书记付汉学对水务部门的担当负责精神大加赞赏。

八、实施干部帮扶巩固再提升工程

1. 打造一支不走的工作队

为进一步巩固脱贫攻坚成果，望奎县印发了《关于调整望奎县中省县直部门包扶村的意见》，对涉改的部分包扶部门进行了调整，并同步做好驻村干部调整轮换工作，进一步优化了帮扶工作力量，真正做到了人员不撤、力度不减。

2019 年 4 月 26 日是黑龙江省气象局驻厢白四村新任第一书记赵大勇上任的第一天，来到驻村工作队建起的乌驴养殖场，在欣喜的同时，赵大勇也感到了特别大的压力。赵大勇对身边的两位同事说："前任工作队为厢白四村的党组织和群众做了很多实事，受到了气象局领导、乡村党组织和群众的一致好评，我们一定要'一张蓝图绘到底，一任接着一任干'，只有真正做实事、做好事，才能不辜负群众期盼，不辜负组织所托。"

从 2017 年开始，省气象局工作队多方筹措资金 130 余万元，建设乌驴饲养场一处，产权归村集体所有，饲养模式参考了北大荒集团所属曙光农场，是省气象局驻村工作

火箭镇厢兰三村驻村工作队帮扶干部与村"两委"成员帮助群众安装水泵

队的一项重要工作成果。赵大勇到任第一时间就赴哈尔滨、济南等地搞调研、跑市场，联系肉驴销路。让赵大勇高兴的是，今年的肉驴饲养情况比较好，行情也比之初预估的好，预计第一批肉驴在 11 月份就可以出栏，

先锋镇厢白四村第一书记赵大勇（左一）在乌驴养殖场

驴肉、驴皮定点销售至哈尔滨、济南等地。说起收益，赵大勇显得自豪又兴奋，"我们这个驴场用了 3 个贫困户务工，一年的收入是 8000 元。驴场有了收入之后，还要给贫困户分红的，目前看来，扣除驴场运行和发展所需资金，每户贫困户大概能分到 600—800 元左右"。赵大勇琢磨着，来年将推行以基地集中带动农户散养肉驴，预计每年可为全村贫困户增加收入 20 余万元，带动全村 20 户左右参与养驴产业。

"不是说摘帽了，就什么都不用操心了。即便是脱贫了，但是一些贫困户底子还很薄，一场天灾、一场大病，都有可能将他们打回原形"，绥化市政府副市长、望奎县委书记单伟红在脱贫攻坚推进会议上强调。

脱贫摘帽后，在县委的正确引领下，全县各支驻村工作队并未因脱贫摘帽而懈怠，依旧在扶贫一线干得热火朝天。县委下发了《做好干部帮扶巩固提升工作的意见》，明确了脱贫摘帽后的工作重点，强调了在脱贫巩固工作上持续发力不松懈这一总体要求，要求各驻村工作队重点在政策宣传落实、产业扶贫、激发群众脱贫内生动力、办实事解难题上下功夫。

电业局驻厢白满族乡厢白前二村工作队为该村更换变压器

尽管前进街道办事处和林枫故居纪念馆联合工作队所帮扶的灵山乡正白后二村早已整村脱贫，但是驻村工作队员依旧奔走在扶贫一线，"有事找'小何'"成了正白后二村贫困户的共识。针对部分患有慢性病的贫困户年岁大、行动不便、收入较低，往返县城开药不便的问题，驻村队员何景波先后多次从驻地返回县城帮助曾凤兰、赵淑芬等 18 名老人购买药物，累计帮助其垫付药费 25000 余元，并帮助其报销药费 22000 元。

何景波说："作为驻村工作队员，为老百姓做事是本分，不是说脱了贫就撒手，要切切实实为困难群众做实事解难题，帮助困难群众从脱贫向致富转变。对我来说，每次给老百姓干点事，他们的那种发自内心的感激，让我很感动，群众满意我们的工作，就是我们最大的动力。"脱贫摘帽后，全

火箭镇党委书记邱洪福深入农户家中为群众讲解涉农政策和法规

县驻村扶贫干部在县委的号召下，累计为困难群众办实事、解难题 1.2 万件，切实把扶贫工作做到了贫困户的心坎上。

县委还积极创新扶贫成果检查模式，采取乡镇之间互检和工作组抽检等方式，不定期对全县脱贫攻坚工作进行全面的检查，在深挖工作中存在的各类问题的同时，互相学习做法，交流经验，达到了共同提高的目的。

在持续发力、加强监管的同时，县委不断强化激励保障，按照驻村干部每人每天 70 元的标准，落实了驻村干部生活补贴，保证了驻村干部日常生活支出；为全县 436 名驻村干部每人每年缴纳一份 350 元的人身意外保险，解决驻村干部后顾之忧；大张旗鼓地表彰优秀的扶贫干部，特别优秀的向省市进行推荐表彰，两年来全县共推荐表彰省级优秀驻村干部 5 人、市级 12 人、县级 42 人；牢固树立

2018 年，望奎县共有 12 名第一书记受到绥化市委表彰

鲜明的用人导向，对劳而苦干、驻村成效突出、群众认可度高的驻村第一书记和工作队队员，打破论资排辈观念和"隐性台阶"，大胆提拔任用。

2. 不摘责任，不摘监管

打赢脱贫攻坚战，是我们党的庄严承诺。深化专项治理扶贫领域腐败和作风问题，是为打赢脱贫攻坚战提供坚实纪律保障的重要举措。为进一步推动各级纪检监察机关加强扶贫领域监督执纪问责工作，望奎县纪委把扶贫领域执纪监督作为重中之重，采取有效措施，畅通监督渠道，强化执纪问责，取得明显成效。

县纪委监委坚守监督执纪问责和监督调查处置职责定位，加强对各乡镇和相关职能部门履行抓脱贫攻坚工作职责情况的监督检查，并将各乡镇和相关职能部门党政班子，特别是"一把手"贯彻落实脱贫攻坚工作重大决策部署和查处扶贫领域腐败问题纳入县委政治生态建设成效考核指标，通过从严监督考核，督促"三级"党政"一把手"发挥领头雁效应，率先垂范，带头切实担负起抓脱贫攻坚工作的主体责任，将县委实行的"三级书记"抓扶贫工作机制落到实处。对发生有较大影响的扶贫领域腐败和作风问题的领导干部进行严肃问责，并督促"三级"党政"一把手"，抓好问题整改工作。

2017年以来，县委高度重视扶贫领域监督执纪问责工作，出台了《关于进一步加强扶贫领域监督执纪问责工作的通知》《关于脱贫攻坚监督执纪问责的暂行办法》等一系列的制度文件，要求以零容忍的态度从快从严从重治理，发现一起查处一起，对典型案件坚决通报曝光，最大限度维护贫困群众切身利益，不断提高群众满意度。县纪委监委深入贯彻落实中央、省市和县委有关要求部署，对扶贫领域问题线索查办情况加强跟踪督办，严禁出现抹线索、压线索，办人情案、金钱案现象，督促全县纪检监察干部切实履行好监督责任。

县纪委监委与县委、县政府督查室、县委巡察办以及县扶贫办、财政局、审计局等职能单位建立协同配合监督检查机制，在强化落实各职能部门监管责任的同时，成立专项监督检查组，加强对各帮扶部门、驻村工作队、乡镇驻村工作组和帮扶责任人"四位一体"统筹摆布落实各项帮扶任务情况的监督检查，进一步压实落靠各帮扶部门、组织和干部的帮扶责任。

县纪委监委充分运用"联合监督、专责监督、巡察监督"等方式，不断加大对扶贫领域腐败和作风问题的专项监督检查的力度和频次。突出线索收集。充分发挥信、访、电、微"四位一体"举报平台作用，在全县各乡镇、各行政村、社区、基层站所设置信访举报箱，公开举报电话的同时，利用"廉政望奎"微信公众号等网络终端，开设扶贫领域腐败和作风问题举报平台，在实时发送廉政信息的同时主动接收网民举报，对群众反映的扶贫领域腐败和作风问题线索，坚持"第一时间受理、第一时间处置、第一时间办结、第一时间反馈"，积极回应群众合理诉求。突出线索管理。2018 年 6 月，望奎县纪委监委组织全县纪检监察机关开展问题线索"回头看"，对 2016 年以来受理、办理的扶贫领域腐败和作风问题线索进行了"大起底"，同时建立扶贫领域腐败和作风问题线索管理台账，做到办结与未办结分类统计两清楚、两准确、两到位。为提高线索管理科学化水平，望奎县又在改机制、抓规范、提效率、严监督上，实施了"归口管理、集体合议、科学授权、全程跟踪、闭环运行"的线索管理机制，对扶贫领域问题线索进行了有效管理。

在从严执纪执法上持续发力。坚持无禁区、全覆盖、零容忍，坚持重遏制、强高压、常震慑，县纪委监委不断加大对扶贫领域腐败和作风问题查处力度，对胆敢向扶贫项目、资金"动奶酪"的腐败问题和弄虚作假等严重作风和腐败问题严查快办，严惩不贷。

在严肃责任追究上持续发力。以严肃查处驻村工作坚持不好、入户走访工作不经常、内业档案填写不规范等脱贫攻坚领域工作作风不扎实、工作开展不力问题为重点，坚持从严从重从快问责不履职、不认真履职的党员干部，以强力问责进一步推进"两个责任"的深入落实，落地生根，切实形成扶贫领域"落责＋问责"治理模式。

在公开通报曝光上持续发力。对性质恶劣、情节严重的典型案件坚决公开通报曝光，持续释放扶贫领域腐败和作风问题从严从重狠管严惩的强烈信号，形成高压震慑。

县纪委监委强化执纪意识，狠抓监管。实现"三个全覆盖"：一是扶贫项目公开全覆盖。要求对所有扶贫项目建设、扶贫资金使用的每个环节都要在指定地点进行公开公示，覆盖到村、屯、组。二是资金监管全覆盖。把扶贫办、民政、财政等有扶贫专项资金的部门全部纳入监管范围，实施集中排查和跟踪检查，严防违纪问题的发生。三是群众监督全覆盖。向全社会公开各级纪检监察机关、包扶单位、相关部门、乡镇驻村工作组的监督举报电话，打造多层次、直通式群众诉求绿色通道。

实现"三个全到位"：一是宣传发动到位。采取发放传单、利用网络平台发布信息等宣传手段，对全县实现扶贫宣传无死角。二是线索排查到位。县纪委会同审计部门对 2017 年以来所有的扶贫资金使用、扶贫项目建设进行全面检查和审计，并对发现的问题线索从快从严处理。三是"两个责任"落实到位。对乡镇和包扶部门层层压实责任，做到责任到底、到个人。

实现"三个'零容忍'"：一是问题线索处置"零容忍"。对通过监督举报、检查发现等途径收集的扶贫领域违纪问题线索全部进行调查核实，按照"零容忍"方式进行处置，并对反映的扶贫问题线索"清零"。二是违纪行为查处"零容忍"。对调查核实的违纪行为，根据情节轻重，按照监督执纪"四种形态""零容忍"处理。三是责任追究"零容忍"。对落实扶贫责任不力、在开展扶贫工作中失职失责行为"零容忍"，严肃追责。

九、实施集体经济巩固再提升工程

发展村集体经济，是全面打赢打胜脱贫攻坚战的一项硬指标，更是群众脱贫致富、巩固脱贫成果的重要保障。脱贫摘帽以后，望奎县把发展壮大村级集体经济作为抓基层打基础的重要举措，作为提升基层党组织凝聚力的有效途径，作为攻克贫困堡垒的强大引擎，积极探索多元化发展模式，推动村级集体经济不断壮大，有力夯实了打赢脱贫攻坚战的物质基础。

1. 规划先行

2018 年 11 月，望奎县制定出台了《望奎县发展壮大村级集体经济三年规划（2018—2020 年）》，从目标、任务、路径以及资金、人才、产业、服务、机制等方面逐一细化，为集体经济发展把脉开方，解决了村级集体经济发展中面临困难瓶颈时"怎么干"的问题。

各乡镇按照"一乡一规划，一村一方案"的要求，统筹谋划、整体推进，把发展壮大村级集体经济工作纳入乡村振兴战略总体规划，列出发展路径，明确时间表、路线图，解决了村级集体经济发展"干什么"的问题。

为强化对发展村级集体经济工作的领导和指导，县委成立发展壮大村级集体经济工作领导小组，组织、纪委监委、政法、公安、财政、农业等 19 个部门共同参与，同时把发展壮大村级集体经济工作列入基层党建述职评议考核的重要内容，年年签订目标责任状，使之成为乡村两级书记的"书记工程"，解决了村级集体经济发展"谁来干"的问题。

针对部分村干部不会发展、不敢发展的问题，望奎县委、县政府主要领导先后 6 次深入基层现场办公,研究解决存在的问题和具体推进措施;由县委组织部牵头成立了"双富"巡回宣讲团,先后深入基层宣讲 15 次,培训乡村党员干部 1200 多人次,积极引导基层干部破除"等、靠、要"思想,帮助树立发展信心,解决部分村干部"不会干"的问题。

2. 致力增收

发展壮大村级集体经济的关键在于走对走好发展路子。望奎县紧紧抓住农村改革不断深化、政策环境持续向好、各方面资源下沉等重大机遇,坚持因村制宜,积极引导村级大力发展产业项目,形成了多元化发展模式,为村级集体经济发展插上了腾飞的翅膀。

厢白满族乡前惠五村党总支书记宋玉君,每当提起这两年村里的变化,他都会感慨道:"多亏了驻村工作队,是他们的真帮真扶,让我们村这两年的发展超过了过去十年。"2017 年 4 月,省委统战部选派驻村工作队进驻厢白乡前惠五村后,与前惠五村"两委"班子一道,将发展壮大集体经济作为脱贫攻坚的重要保障和有效途径,通过争取各方资金 300 万元,建设了食品加工厂,现有工人 40 人,仅此一项,每年就能为村集体增收 30 万元,带动贫困户 30 户,户均增收 1000 元。在驻村工作队的帮助下,前惠五村现已形成以食品加工、笨榨豆油生产、肉牛和大鹅养殖、光伏发电"五

厢白满族乡前惠五村通过发展笨榨豆油产业增收

厢白满族乡前惠五村善为牧业有限公司养殖的肉牛

大"产业，每年可为村集体实现收入 120 万元。

龙薯联社日光房

　　自脱贫攻坚以来，全县通过争取政策资金、驻村工作队帮扶等措施，累计向村级投入资金达到 2.8 亿元，建成棚室、养殖场、加工厂、光伏发电等项目 61 个，极大地推动了全县集体经济发展。2018 年年末，全县集体经济收入 10 万元以上的村达到 76 个；集体经济收入"空壳村"由 2017 年的 15 个，减少到 3 个。

3. 管理出效益

　　发展壮大村级集体经济，不仅要抓发展，更要抓管理。

厢白乡正白后头村将"清化收"专项行动清理出来的土地公开发包给村民

东郊镇水四村利用"清化收"专项行动带来的资金设立了书屋

　　望奎县委、县政府从强化村级"三资"清查、登记、管理入手，各村全部建立"三资"台账，全县 109 个村规范成立了村务监督委员会，对村级集体资产运营情况进行监督。制定了《关于清理纠正合同、化解债务及新增资产资源收费工作的实施方案》，对"清化收"工作的目标、原则、步骤等方面进行了详细的规定，组织、纪检、公安、检察、法院等多个部门联合发力，保障了"清化收"工作顺利开展。

　　东郊镇水四村在"清化收"专项行动中，清理出新增地源面积 1270 亩，不仅解决了全村土地主要集中在少数人手中的问题，更是为村集体带来了 77 万元的收入。针对村民关心的基础设施建设、环境绿化等方面的热点问题，水四村先后修建道路 6 公里，桥涵 1 座，1500 平方米文化广场一处，7 个屯完成了 4 公里的硬质边沟，设立了书屋 1 个，内有 2000 本图书可供村民阅读，设立医务室 1 个，备有各类常用药。为保证村民利益，由村集体出资 3 万元，为全村所有土地购买了农田保险，确保村民利益不损失。一提起村"两委"班子，水四村村民无不拍手称赞。

十、实施基层党建巩固再提升工程

脱贫摘帽以后，望奎县委深入探索基层党建与脱贫攻坚的合力点、着力点，凝心聚力、加压奋进、攻坚克难，有效地推动了党建工作与脱贫攻坚协调共进。

1. 推行"一肩挑"

为贯彻落实好 2019 年中央"一号文件"中"全面推行村党组织书记通过法定程序担任村委会主任，推行村'两委'班子成员交叉任职，提高村委会成员和村民代表中党员的比例"这一要求，望奎县委大力推行村书记、主任"一肩挑"工作，通过涉黑涉恶清理一批、能力不足撤换一批、思想教育转任一批、下派干部调整一批、优秀干部培养一批"五个一批"的方式，全县 109 个村全部实现书记、主任"一肩挑"。

火箭镇厢红三村以前村"两委"班子不合，主要负责人之间有分歧，严重制约了村级各项事业发展。自实行"一肩挑"后，村里一个声音指挥、一个步调前进，工作落实更加顺畅，该开的会开起来了，该搞的活动搞起来了，该干的工作干起来了，切实增强了党组织的凝聚力、战斗力。

为防止"一肩挑"干部在工作中出现"一言堂"和"家长制"的情况，县委在村党总支书记任职、履责、考核、奖惩等方面实行县级备案管理，将备案结果应用到任免调整、待遇落实、表彰奖励上，并通过健全完善村级议事规则、充分发挥村务监督委员会职责、建立经济责任审计制度等方式，加大对"一肩挑"干部监督力度，有效规范了村干部的履职行为。

火箭镇厢红三村党总支书记臧永祥带领村干部为贫困户收获水稻

2. 整顿软弱涣散党组织

望奎县委深入开展创建班子建设好、经济发展好、人居环境好、基层治理好、服务群众好"五好乡村"党组织，全面推行基层党组织"星级化"管理，持续整顿软弱涣散村党组织，着力补齐农村党建工作短板。

为进一步解决好村级党组织软弱涣散问题，县委将软弱涣散党组织整顿工作纳入乡镇党委书记抓基层党建述职评议考核的重要内容，摆上全年重要工作日程，严格落实"四个一"整顿措施，即每个软弱涣散村党组织有 1 名县处级领导联村、1 名乡镇领导班子成员包村、1 名第一书记驻村、1 个县直部门联结包扶。整顿过程中，县乡两级党政主要领导深入联系点 200 余次，帮助基层协调解决实际问题 150 件次；为每个村都储备了 2—3 名优秀的后备干部，每年至少发展 1 名新党员；每个村至少研究 1 个集体增收的路子。全县 17 个软弱涣散村全部实现转化升级。

3. 实行党员积分管理，真正让党员的作用凸显出来

望奎县委结合开展"不忘初心、牢记使命"主题教育，针对农村党员管理难、发挥作用弱化等难题，全面实行了农村党员百分制积分管理，以实现忠诚于党我争先、为民服务我争先、振兴发展我争先、优良作风我争先、廉洁自律我争先"五争先"作为主要内容和评价标准，实施目标化管理考评，设定日常基础积分、民主评议积分、贡献奖励积分三项分值，采取一月一打分、一季一审核、一年一汇总的方式量化考核，在乡镇党委的指导下，由村党组织评定优秀党员、合格党员、后进党员，年度积分 90 分及以上的可评为优秀党员，年度积分 60 分以下的应评定为后进党员，党组织关系转入乡镇后进党员整顿党支部，参加转优班学习。

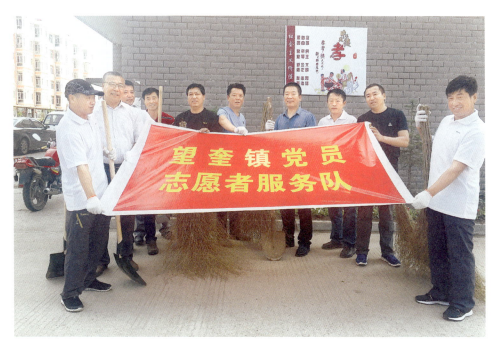

望奎镇党员志愿者服务队开展志愿服务活动

　　望奎镇厢红五村每月对全村党员进行一次"体检"，对党员日常表现进行评价打分，让党员赶超有目标，做事有方向。同时，村党总支还结合实际，全面开展了党员结对帮扶活动，每名党员就近联系1—3户贫困户，帮助群众解决生产生活中的难题、谋求致富途径，将群众的诉求，及时反馈到党组织，起到了联结群众和党组织的"桥梁"和"纽带"作用。同时，县委还结合推进"两学一做"学习教育常态化、制度化，严格落实"三会一课"、组织生活会、民主评议党员、"4+N"主题党日等基本制度，教育引导全县广大党员干部不断提升思想境界，通过设定党员服务区、开展党员设岗定责和志愿服务等形式，切实发挥了党员在群众生产生活中的示范引领作用。

4. 提升干部群众"精气神"

　　"以前一到晚上出门啥也看不见，不少人吃过晚饭就睡觉，自从

望奎县火箭镇党建文化广场

有了党建广场，大家不仅经常相约来这儿跳舞、唱歌、健身、拉家常，而且能让我们了解党的政策、村里的大事小情，甭提有多高兴啦!"提起党建广场这事儿，正兰前三村村民常亚芹便打开了"话匣子"。

为了传播党建文化正能量，火箭镇把党建文化融入基层党组织阵地和文化广场建设当中，投资 29.5 万元在正兰前三村精心打造党建文化主题广场 1 处，划分为乡村振兴宣传区、党员干部服务区、模范人物带动区 3 个功能区，并通过开展群众喜闻乐见、丰富多彩的文化活动，充分发挥党建文化的渗透力、影响力、凝聚力和感染力，以党建文化引领乡村文明建设，以文化建设反促党建品质提升。

近年来，望奎县委高度重视村级党组织活动阵地建设，全面推行村级组织活动场所"8+N"设置模式，即在有场所、有标牌、有党旗、有桌椅、有制度、有电教设备、有党建图板、有学习资料的基础上，注重加强党建文化长廊、文化墙、特色展示区等方面的规划设计，突出直观性、教育性和指导性，特别是加大了村级党建主题文化广场建

后三乡正兰前三村党群活动中心

设力度，让广大群众在休闲健身的同时，感受到党建文化的熏陶，接受党史教育，激发爱国热情，在潜移默化中了解、参与、融入党建工作中。目前，全县 15 个乡镇共建设党建文化主题广场 34 个，成了一道独特的风景线。

第 4 章

经 验 启 示

一、突出思想引领

脱贫攻坚工作摸索和积累了许多好的经验与做法，其中注重思想引领，大力弘扬"五种精神"则是其中最大的收获和启示。

紧跟党走的大局精神。坚决贯彻落实中央、省委关于脱贫攻坚工作的一系列重大决策部署，始终在思想上政治上行动上同以习近平同志为核心的党中央保持高度一致，自觉把思想和行动统一到脱贫攻坚的决策部署上来，把力量凝聚到脱贫攻坚上来，坚决以脱贫攻坚统揽望奎的经济社会发展，将经济发展和改善民生作为工作的出发点和落脚点，把脱贫攻坚作为头等大事和第一民生工程来谋划、部署和推进，并将所有工作向脱贫攻坚聚焦，将各种资源向脱贫攻坚聚集，将各方力量向脱贫攻坚聚合，强大的合力保障了"决战脱贫攻坚、决胜同步小康"目标的可期、可成。实践证明，以党为重、以国为重、紧跟党走，这不仅是做好脱贫攻坚工作的宝贵精神财富，也是今后望奎加快发展振兴的强大动力。

攻坚克难的奋斗精神。在全县范围内不留死角地消除贫困，不让一个人掉队，面临着各种各样的困难。比如，扶贫要采取的具体措施，哪一件都很困难，这里既有难做的群众工作、又有需要限时完成的基础设施建设，所有这些对领导干部都是极大的考验。望奎县之所以能够取得"脱贫摘帽"的最后胜利，靠的是"越到紧要关头，越要坚定必胜的信念，越要有一鼓作气攻城拔寨的决心"，靠的是燕子垒窝、蚂蚁啃骨的狠劲；靠的是逢山开路、遇水架桥的闯劲；靠的是甩开膀子大胆干、撸起袖子加油干的拼劲，一步一个脚印，永不停息、奋斗不止。正是因为有了这种志之所向、锲而不舍、矢志不渝的"愚公精神"、水滴石穿的攻坚精神、咬定青山不放松的"钉钉子精神"，才确保了望奎县脱贫攻坚换道超越、后来居上直至取得最后胜利。

精准较真的求实精神。扶贫开发贵在精准、重在精准，成败之举在于精准。在脱贫攻坚的整个活动过程中，望奎县始终对照习近平总书记提出的"六个精准"要求，不搞"大约数"、不打"马虎眼"、不搞"过得去"，力求在"每道工序"和"每个环节"上都精益求精、力求完美，做到精准识别握实情、精准施策出实招、靶向治疗下实功、拔掉穷根出实效，以耐心、专注、细致、严谨的工作态度，推进脱贫攻坚精细化，用心、用情、用力精准抓好扶贫攻坚各项工作落实，切实让基层困难群众享受到顶层温暖。虽然脱贫攻坚初战告捷，任务完成了，但精准永远是我们全县上下追求的目标，精准这个理念要落实，并且常态落实，体现在行动中，进而让每一项工作成效都能真正获得群众认可、经得起实践和历史检验。

水乳交融的民本精神。始终把贫困群众的冷暖、饥饱放在心上、抓在手上、落实在行动上，让贫困群众真正体会到了对他们实实在在的帮助，脱贫攻坚工作所做的也真正践行了党的宗旨。脱贫攻坚开展以来，望奎县持续选派优秀干部到党组织软弱涣散村、建档立卡贫困村担任第一书记。通过推动资源下沉、工作下沉、干部下沉，畅通了城乡优势资源的嫁接渠道，使项目、资金、人才等各种要素流动起来；另一方面，密切了党同人民群众的密切联系，有效调动积极因素，凝聚起乡村振兴的强大合力。同时，使组织优势转化为扶贫优势，组织活力变成攻坚动力，促使派驻村发展由外部"输血"向内部"造血"转型，实现长远发展、可持续发展，让广大农民群众更多地享受到改革发展的成果。

众人拾柴的团结精神。俗语说，人心齐，泰山移。在脱贫攻坚工作中，望奎县各级党委政府广泛发动社会力量，积极主动地参与到脱贫攻坚中来，积极营造了"众人拾柴火焰高"的良好社会氛围，表现了三个层面的团结合作：一是县乡村三级领导班子在工作上、目标上一致；二是扶贫单位和乡村协作配合；三是扶贫工作队队员和老百姓的相互交融。特别是县委能够认真履行脱贫攻坚主体责任，核心作用突出。同时，县四大班子同心合力，都把主要精力投身于脱贫攻坚工作中来，较好地发挥了"头雁"作用。正是因为这种多方的团结合作，才形成了今天扶贫效果的综合效应，正是脱贫攻坚中的团结意识、凝心聚力，才有了今天这样的脱贫成就。

二、强化政治担当

2019 年中央"一号文件"把"聚力精准施策，决战决胜脱贫攻坚"作为"三农"工作的硬任务。充分考验我们党员干部在政治责任面前能否清醒，在攻坚克难面前能否破题，在贫困群众面前能否作为。面对沉甸甸的政治责任与担当，我们要勇承重担，攻坚克难，更加自觉、更加主动地打好打赢这场输不起的攻坚战。

县级是脱贫攻坚的主战场、主阵地，既担负着上级政策的承接传导责任，还要把这些政策更具体、更严格地落实到位。作为县委书记，不仅要自觉扛起这份责任担当，更要把它当作一种激励动力，既要当好一线"总指挥"，更要当好"施工队长"，以身作则，以上率下，影响和带动全县每名干部都把这份责任扛起来，以昂扬的斗志投身到脱贫攻坚这场伟大而神圣的战斗中来，把每个个体肩负起的责任和力量汇聚起全社会勠力同心、合力攻坚的磅礴力量，推动脱贫攻坚工作这项全民性的伟大工程顺利实施。

望奎县各级领导干部是脱贫攻坚的中坚力量，要创新理念，突破思想"囚笼"。创新脱贫攻坚路子，从改变自身的观念入手。县乡党员领导干部是脱贫攻坚的组织者和参与者，其观念的更新关系到扶贫工作的决胜全局。要用自身的创新理念影响和带动基层党员干部和群众改变故步自封的落后思想，避免闭门造车、夜郎自大的守旧思想作祟，组织他们加强学习，增长见识，引导他们创新开拓，积极进取，大胆尝试新生事物。强化作风，敲开群众"心门"。以"抓铁有痕、踏石留印"的作风，督促党员干部带头做示范，贫困群众凝心聚力跟着干。针对产业扶贫问题，注重发展长效扶贫产业，着力解决产销脱节、风险保障不足等问题，提高贫困人口参与度和直接受益水平。针对部分贫困群众内生动力、发展能力不足问题，坚持扶贫与扶志扶智相结合，加强开发式扶贫与保障性扶贫统筹衔接。有效开辟深化贫困村互助、创新扶贫帮扶等模式多措并举，既能为贫困户解决实际困难，又能充分发挥群众主体性作用，汇聚群众的智慧和力量，依靠群众打赢脱贫攻坚战。

望奎县广大党员在进行脱贫攻坚决战之时，充分发挥先锋模范作用，充分认识到与全国人民一道进入小康社会是职责所系、使命所在。时刻牢记自己的使命和职责，牢记组织和群众的重托和期盼，以饱满的精神、务实的作风，尽心尽责地做好各项工作，在矛盾面前不逃避，在困难面前不低头，在重任面前不懈怠，切实做到为党分忧，为民谋利。

望奎县把造福百姓作为第一要务。在脱贫攻坚中实施基础设施建设、生态扶贫、民生保障、能力提升工程，全面补齐脱贫攻坚短板。全体党员干部廉洁从政守底线。以扶贫领域作风建设为契机，带头严格遵守廉洁自律各项规定，不断自我净化、自我完善、自我革新、自我提高，切实增强拒腐防变和抵御风险的能力，坚决不越"雷池"、不踩"红线"，做到慎始、慎微、慎独、慎行、慎权，算清政治账、经济账、名誉账、家庭账、亲情账、自由账，真正做到既在大是大非面前立场坚定，又在生活小节上经得住考验。

三、厚植为民情怀

脱贫攻坚工作能不能搞好，各级干部是关键因素。干部的所思所想、所作所为直接影响到脱贫攻坚的成败。望奎县在脱贫攻坚工作中强化各级干部的责任感、使命感，厚植广大干部的为民情怀，充分调动各级干部的主动性、积极性、创造性，真正做到情为民所牵，心为民所系，利为民所谋，用心用情用智帮扶，干群齐努力，共同走好脱贫路。

李飞是县人民医院党委副书记，他和三位同事一起被县人民医院派往海丰镇八方村驻村，八方村贫困户的喜怒哀乐、困难疾苦都装进了李飞的心里。贫困户裴军患有脑梗塞，妻子患有精神疾病，女儿患有乳腺癌，全家支出只靠裴军一人拖着病弱的身体打工支撑，在哈尔滨理工大学读研究生的小儿子几度面临着辍学，李飞了解情况后及时将这一情况反馈给了院领导，院领导经过协商之后，捐赠他 5000 元钱。让他儿子好好上学。

李飞尽全力在生产生活上给予困难群众帮助，在"输血"的同时李飞更加注重"造血"，让产业扶贫充分发挥作用，真正让困难群众做到自力更生，增收致富。

盛源干菜厂是以绿色干菜制作销售为主的农副产品企业，为了能进一步使产业扶贫发挥作用，使贫困户利用现有资源实现增收，在李飞的协调下，6 户贫困户将土地流转给了干菜厂，部分贫困户利用自家小园种植蔬菜发展庭院经济，收获后将蔬菜销售给干菜场，同时还有 16 名贫困户到干菜场打工，带动了一大批贫困群众通过产业扶贫

人民医院驻海丰镇八方村工作队正在田间地头查看贫困户种植烤烟的长势情况

增收。为了让贫困户们尽早脱贫，李飞和县人民医院多方联络，为八方村争取到了光伏发电项目，项目投产达效后，可以为村里的 150 户贫困户每户每年增收 3000—4000 元。

扶贫干部入乡随俗，说农村话、想农民事，交"泥腿子"朋友，做到思想相通、感情相融，把群众利益时刻放在心上，在扶贫工作中培养了"草根情结"、群众感情，拉近了和人民群众的感情距离。

东郊镇前二村驻村第一书记张伟成为了尽快带领包扶村的贫困户摆脱贫困，他将需要在哈市完成手术、身患重病的父亲简单地安顿之后，便匆匆赶回了扶贫攻坚主战场。带着没能陪伴在父亲病榻旁的自责与愧疚，他将全部精力用在了扶贫攻坚第一线，用认真细致、用心用情的工作赢得了村民的信任与好评。五保户王清江和张伟成的父亲同岁，今年都已 80 高龄。由于老人身体不好，张伟成每隔两天就要去他的家里看望，陪他聊天谈心。王清江知道，张伟成是把自己和老伴当成了亲人。然而王清江怎么也想不到，张伟成的父亲刚刚才完成手术。

广大驻村干部牢记政治责任，坚定信心，在困难和矛盾面前不躲闪、不退缩，始终冲在前面、干在实处，让百姓看到了新时代共产党人的使命和担当。

四、发扬务实作风

"全县脱贫摘帽后，一律不许搞摘帽庆祝活动，不许拍摄摘帽专题宣传片，不开展以摘帽为主题的相关活动""坚决制止产业扶贫中'人情送礼'行为，在组织扶贫观摩、调研等活动中不能摆放、赠送扶贫产品"……2018 年 8 月，望奎县在脱贫摘帽后，及时向各乡镇党委政府、中省县直各部门和全县党员干部发出了通知。这也正是望奎县委、县政府在脱贫攻坚工作中大力发扬务实作风的真实写照。

作风就是形象，作风就是力量。"风正，则百官皆守；风不正，则百弊俱生。"工作作风，关乎脱贫攻坚成败，影响着全面小康的成色。

一线扶贫干部的精神状态和队伍建设，直接关系脱贫攻坚的质量和进度。最基层的扶贫干部，是群众脱贫致富奔小康的带头人。其一言一行，不仅仅代表自己，更是代表整个扶贫干部队伍形象。由于扶贫干部深入在基层，是与群众接触最近的干部，一言一行都被群众看在眼里、记在心上，成为群众评判干部队伍作风好坏的标准。"欲影正者端其表，欲下廉者先之身"。群众对干部是要听其言、察其行的，如果领导干部作风飘浮，华而不实，就不会得到群众的信任，最终影响的是脱贫攻坚工作的推进。作风正则干群和，干群和则事业兴。望奎县把帮扶干部队伍的作风建设摆在突出位置，锻造一支作风过硬、求真务实的扶贫队伍。在精准识别、精准退出工作之初，望奎县就选派作风扎实的党员干部主战脱贫攻坚，深入开展"下基层、驻农家、解民忧"主题活动。

全县 3000 多名党员干部积极践行"脱贫攻坚无小事"的要求，哪怕是一条惠民政策的宣传、一项产业收入的测算、一个扶贫措施的

司法局选派驻东郊镇水四村工作队开展扶贫政策宣传活动

确定，都严格做到细微细致、精准精细、求实务实，真正锻炼了干部、锤炼了作风，也密切了党群干群关系。工作作风的转变不仅温暖了贫困群众渴望致富的心，更坚定了他们的信心和决心，照亮了他们希望的路。

广大扶贫干部攻坚克难，敢于直面矛盾，敢于较真碰硬，为做好脱贫攻坚各项工作深思深察、尽责尽力、善作善成，带领群众寻求增收渠道、加强基础设施建设、全力改善民计民生，脱贫成效显著。在这一过程中，干部作风沉下来了，干群关系更密切了。不仅群众脱了贫，干部思想能力也脱了"贫"。

"扶贫干部不仅仅是一个职务，更是一个品牌、一种形象，无疑将光荣地凝聚在全面建成小康社会的事业上，凝聚在农民群众的心坎上和口碑上。这就需要广大扶贫一线干部珍视这份荣誉，以务实的作风凝聚民心，带领群众啃下脱贫攻坚这块'硬骨头'！"望奎县驻村管理工作办公室同志如是说。

五、凝聚攻坚合力

打赢扶贫攻坚战需要团结一心，需要力往一处使，劲往一处用。对此，望奎县始终坚持把"集众心、集众智、集众力"摆在脱贫攻坚工作的重要位置突出来抓，积极构建专项扶贫、行业扶贫、社会扶贫等多方力量有机结合和互为支撑的"大扶贫格局"，实现了汇聚合力与精准扶贫的有效对接，为坚决打好打赢脱贫攻坚战提供了坚强的动力保障。

打造专业扶贫力量，望奎县高标准落实"三个到位"（机构设置到位、人员落实到位、经费保障到位）要求，深入实施脱贫攻坚专业团队打造工程，持续涌现出一大批扎实苦干、无私奉献、敢于担当的乡村指战员、包扶干部、驻村队员等先进典型。

走进先锋镇厢白四村，你会看到一条条笔直的硬化路、一座座崭新的农民住房、一张张充满幸福和喜悦的笑脸……很难想象到这是昔日里曾出了名的贫困村，这些巨大变化离不开一个人，那就是现任村党支部书记杨福。

精准识别如"明镜"。为了精准识别贫困户，他带领村"两委"班子成员，逐户排查，挨家"算账"，生怕错评一户，落下一人，确定的贫困户没有引起任何不良反响。

壮大产业脱"窘境"。他把本村的域外能人实行了拉网式排查，经过密切沟通，终于用真情感动了本村走出去的能人赵纯，先后成立了食用菌种植专业合作社和菌丰源公司，仅此一项，2018 年全村 193户贫困户通过带资入企、企业带动等方式，享受到分红 23 万元，户均 1000 元以上。

转变村貌美"环境"。他坚持把协调和节省下来的有限资金花在了刀刃上，从 2015 年开始，先后硬化村级道路 15 公里，改造泥草房和危房 212 户，栽植各类绿化树木花卉 40000 余株，修建了 10000 平方米的文化广场。

"2018，聚少离多，不曾虚过；2019，接近不惑，期待收获……"这是全省优秀驻村干部、厢白满族乡前惠五村第一书记张辉在 2019 年新年钟声敲响的那一刻发的朋友圈，记录并回味着自己驻村扶贫的难忘历程。

"摆脱穷日子，就得从教育抓起。"他先后协调爱心企业家尹会涞为学校捐助改造资金 100 余万元，15 名知名爱心人士为贫困学生提供了定向捐资助学善款，省政协"协力基金"为 127 名学生发放了无息助学贷款，省侨联等部门为 110 名学生捐助衣物和学习用品价值达 5 万余元。

"老百姓有啥难事，我先上。"大半夜，村民老刘头犯了病，由于亲人都不在村里，他思前想后拨通了张辉的电话。张辉二话不说，驱车送他去住院、手术，整整忙了一夜。

"跑 20 个项目，能成一个就算我赢。"2018 年大年初十，顶着冒烟雪，张辉带着村干部驱车赶往齐齐哈尔考察产业项目，三天里他们考察了 15 家企业……正是凭着这股子精气神，善为豆油加工厂、善为食品生产车间先后动土兴建，安格斯优质肉牛养殖项目正式上马，肉牛、大鹅等规模养殖让许多贫困户摘掉了压迫他们多年的贫困帽子。

越是到了扶贫攻坚的紧要关头，阻碍越大，越是需要凝聚起各行业各部门的攻坚力量，以更加精准地对症下药、靶心施策攻城拔寨，啃下一块块"硬骨头"。

望奎县共有 9 个革命老区村，贫困人口 2580 人，其中贫困妇女 1109 人，占贫困人口的 43%。在推进老区村脱贫工作中，望奎县妇联立足部门实际，找准妇联工作与老区扶贫工作的契合点，主动作为，多点突破，有力助推了全县老区村脱贫解困进程，在脱贫攻坚战役中展现了巾帼风采。

厢白满族乡前惠五村肉鹅养殖项目

积极领唱"励志曲"。2016 年以来，县妇联先后组织开展了"唱响红色金曲比赛""新时代革命老区，壮美大望奎"书画展、"老区巾帼讲堂""点燃希望，巾帼励志"扶贫大宣讲等 10 余项活动，激励贫困妇女自力更生的斗志，鼓励贫困妇女变"他扶为自强"。

特色活动"暖心田"。组织的"扶贫助困、巾帼暖冬"活动为贫困妇女发放服装 500 余套，通过实施"两癌"救助、"春蕾"女童救助为贫困母亲和贫困学生发放救助金近 20 万元，为 330 名贫困妇女发放民革省委爱心龙江储惠卡价值 10 万元。

大力扶持"妇字号"。先后为 115 名创业妇女争取小额担保贷款 700 万元，辐射带动近 200 名妇女创业就业。其中，灵山乡牧纯种养殖业家庭农场 40 万元"母亲创业循环项目"，年纯收入已超 300 万元，在农场长年务工的妇女达到 120 人，月均工资 3000 元。组织贫困妇女与绿康源食品有限公司合作种植甜菜，不但免费获得甜菜秧苗，而且签订了回收协议，带动户均增收超 1000 元。

如果说政府力量是精准扶贫的"树根"，那么社会力量就是更灵

龙蛙农业发展股份有限公司正在收储水稻

活、更细致的"毛细血管"，是助力精准扶贫的"它力量"。望奎县通过不断加大社会扶贫宣传力度，积极引导倡导社会扶贫参与理念，鼓励域内民营企业、社会团体及个人积极承担社会责任，让他们自觉加入精准扶贫的大军之中。同时，号召在外的望奎成功人士积极回乡参加扶贫公益事业，通过投资兴业、吸纳就业、捐资助贫等方式参与扶贫开发，高效发挥了辐射带动、助力脱贫作用。

引导非公企业"齐上阵"。龙蛙农业、锟龙泽药业、瀚达纺织等域内大型非公企业通过贫困群众带资入企、产业带动、雇佣工人等形式，不断促进贫困群众增加收入。近年来，先后有 400 余贫困群众在企业务工，仅龙蛙农业的产业扶贫就使 6900 余户贫困户受益，户年分红 1000—1200 元。

选聘名誉村长"显神通"。选聘了 34 名省内知名非公企业法人担任望奎县 34 个贫困户名誉村长。三年来，34 名名誉村长在基础建设、农业生产和民生事业等领域启动了 52 项帮扶项目，帮扶资金和物资

1230 万元，惠民增收 492.25 万元，劳务输出增收 325 万元，扶持经济作物、种养殖项目及收购农副产品增收 167.25 万元。这个做法在全国统战部长培训班上做了经验介绍。

筹集扶贫资金"育动能"。三年共对上争取资金 2539 万元。争取省统战系统扶贫资金 773.48 万元；争取到澳门闽台商会助学金 25 万港元；民革省委、然健环球有限公司捐赠教学设备及助学金 60 万元；争取各类图书、电子设备以及衣物等生活用品价值达到 230 余万元，为贫困户摆脱贫困注入了强大动能。

未来展望

　　绝不让一个贫困群众掉队，确保到 2020 年农村贫困人口全部脱贫，让中国人民共同迈入全面小康社会——对于中国共产党而言，这不仅仅是一个目标、一份承诺，更是一颗饮水思源的初心，一个矢志不渝的决心，一份舍我其谁的信心，一颗志在必得的雄心。

望奎县县标广场

望奎的脱贫故事，是中国脱贫攻坚的代表和缩影，所有的努力必将汇入中华民族实现中国梦的奔腾长河中，并以生生不息的智慧和力量载入人类文明史册，竖起人类精神的丰碑。

当下的望奎，各级干部凝心聚力，社会各界干劲十足，人民群众信心满满。在习近平新时代中国特色社会主义思想的指引下，向着全面振兴全方位振兴的新征程加速奔跑，小康的目标无限接近，乡村振兴的蓝图越绘越清，两个百年梦想必将成真。

作为世界上最大的发展中国家，中国减贫事业的成功实践和巨大成就，不仅为他国提供了扶贫脱贫经验，也向世界彰显了中国力量和中国智慧。

实现中华民族伟大复兴中国梦，中国有自信；让人民过上美好生活，望奎有自信！

后 记

脱贫攻坚是实现我们党第一个百年奋斗目标的标志性指标，是全面建成小康社会必须完成的硬任务。党的十八大以来，以习近平同志为核心的党中央把脱贫攻坚纳入"五位一体"总体布局和"四个全面"战略布局，摆到治国理政的突出位置，采取一系列具有原创性、独特性的重大举措，组织实施了人类历史上规模空前、力度最大、惠及人口最多的脱贫攻坚战。经过 8 年持续奋斗，现行标准下 9899 万农村贫困人口全部脱贫，832 个贫困县全部摘帽，12.8 万个贫困村全部出列，区域性整体贫困得到解决，完成了消除绝对贫困的艰巨任务，脱贫攻坚目标任务如期完成，困扰中华民族几千年的绝对贫困问题得到历史性解决，取得了令全世界刮目相看的重大胜利。

根据国务院扶贫办的安排，全国扶贫宣传教育中心从中西部 22 个省（区、市）和新疆生产建设兵团中选择河北省魏县、山西省岢岚县、内蒙古自治区科尔沁左翼后旗、吉林省镇赉县、黑龙江省望奎县、安徽省泗县、江西省石城县、河南省光山县、湖北省丹江口市、湖南省宜章县、广西壮族自治区百色市田阳区、海南省保亭县、重庆市石柱县、四川省仪陇县、四川省丹巴县、贵州省赤水市、贵州省黔西县、云南省西盟佤族自治县、云南省双江拉祜族佤族布朗族傣族自治县、西藏自治区朗县、陕西省镇安县、甘肃省成县、甘肃省平凉市崆峒区、青海省西宁市湟中区、青海省互助土族自治县、宁夏回族自治区隆德县、新疆维吾尔自治区尼勒克县、新疆维吾尔自治区泽普县、新疆生产建设兵团图木舒克市等 29 个县（市、区、旗），组织 29 个县（市、区、旗）和中国农业大学、华中科技大学、华中师范大学等高校共同编写脱贫攻坚故事，旨在记录习近平总书记关于扶贫工作的重要论述在贫困县的生动实践，29 个县（市、区、旗）是全国 832 个贫困县的缩影，一个个动人的故事和一张张生动的照片，印证着人民对美好生活的向往不断变为现实。

脱贫摘帽不是终点，而是新生活、新奋斗的起点。脱贫攻坚目标任务完成后，"三农"工作重心实现向全面推进乡村振兴的历史性转移。我们要高举习近平新时代中国特色社会主义思想伟大旗帜，紧密团结在以习近平同志为核心的党中央周围，开拓创新，奋发进取，真抓实干，巩固拓展脱贫攻坚成果，全面推进乡村振兴，以优异成绩迎接党的二十大胜利召开。

由于时间仓促，加之编写水平有限，本书难免有不少疏漏之处，敬请广大读者批评指正！

本书编写组

责任编辑：邓浩迪
封面设计：林芝玉
版式设计：王欢欢
责任校对：周　昕　王晓丹

图书在版编目（CIP）数据

中国脱贫攻坚. 望奎故事 / 全国扶贫宣传教育中心 组织编写 . — 北京：
人民出版社，2022.10
（中国脱贫攻坚县域故事丛书）
ISBN 978 - 7 - 01 - 024560 - 7

I. ①中…　II. ①全…　III. ①扶贫 - 概况 - 望奎县　IV. ① F126

中国版本图书馆 CIP 数据核字（2022）第 029726 号

中国脱贫攻坚：望奎故事

ZHONGGUO TUOPIN GONGJIAN WANGKUI GUSHI

全国扶贫宣传教育中心　组织编写

人民出版社 出版发行
（100706　北京市东城区隆福寺街 99 号）

北京盛通印刷股份有限公司印刷　新华书店经销

2022 年 10 月第 1 版　2022 年 10 月北京第 1 次印刷
开本：787 毫米 × 1092 毫米 1/16　印张：8.75
字数：118 千字

ISBN 978 - 7 - 01 - 024560 - 7　定价：32.00 元

邮购地址 100706　北京市东城区隆福寺街 99 号
人民东方图书销售中心　电话（010）65250042　65289539